Christine Fischer

Glücksorte im Erzgebirge

Fahr hin & werd glücklich

D

Dieses
Glücksbuch
ist für

Liebe Glücksuchende,

geht es Ihnen auch so? Sie hören vom Erzgebirge und denken an gedrechselte Figuren, an Schwibbögen und Weihnachtspyramiden. Doch das Erzgebirge ist weit mehr. Es zählt zu den landschaftlich reizvollsten Regionen Deutschlands. Weite Fichtenwälder, romantische Täler, etliche Talsperren und immer wieder Berge, die im Winter mit ihren Liftanlagen zum Rodelparadies werden.
Vor über 850 Jahren brachten Silberfunde den Bergbau in Gang, der fortan das Leben der Menschen prägte.
Ich bin im Osterzgebirge aufgewachsen und mit der Region eng verbunden. Ob Schaubergwerke, Lehrpfade, Schlösser oder Museen – sie alle spiegeln den Fleiß und den Erfinderreichtum der Menschen wider. Das Erzgebirge ist eine Schatztruhe, die jeder für sich öffnen kann. Im Juli 2019 ernannte das UNESCO-Welterbekomitee die Montanregion Erzgebirge beiderseits der sächsisch-böhmischen Grenze zum Welterbe.
Durchstreifen Sie mit mir 80 Orte, die zu meinen und vielleicht bald auch zu Ihren Glücksorten im Erzgebirge zählen.

Ihre Christine Fischer

GLÜCK

Deine Glücksorte …

... noch mehr Glück für dich

Reitender Spielzeugstar

1 Das Olbernhauer Reiterlein

Reiterlein, Pfefferkuchenfrau und Nussknacker. Nicht nur Kinder bleiben in der Adventszeit staunend vor dem imposanten Trio auf dem Olbernhauer Markt stehen. Die drei überlebensgroßen, bunt bemalten Figuren stimmen die Olbernhauer und ihre Gäste ab dem Samstag vor dem ersten Advent so recht auf den Besuch des Weihnachtsmarktes ein.

Die mittlere Figur – der Soldat auf dem Schimmel – hat als Olbernhauer Reiterlein fast schon Berühmtheit erlangt. Als Garant für echte erzgebirgische Holzkunst steht es im Logo der Spielzeughersteller im Erzgebirge. Ursprünglich war der kleine Reiter auf einer Plakette abgebildet, deren Verkauf im Winter 1935 Geld für notleidende Menschen einbringen sollte. Über 13,5 Millionen dieser Reiterleinplaketten sind damals verkauft worden. Aus der Plakette mit dem beliebten Motiv wurde in Olbernhau ein Holzspielzeug, das mittlerweile in keiner erzgebirgischen Stube fehlen darf. Wie es hergestellt wird, schaut man sich am besten auf dem Olbernhauer Weihnachtsmarkt an, der jährlich vom ersten bis zum dritten Advent im großen Gutshof des ehemaligen Ritterguts abgehalten wird. In einem historischen Gewölbegang zeigen Handwerker wie Schnitzer, Drechsler und Klöppelfrauen ihr Können. Der „Star" der reich mit erzgebirgischer Volkskunst bestückten Verkaufsstände ist auch hier das Reiterlein, das es in verschiedenen Größen und Bemalungen zu kaufen gibt.

Nicht entgehen lassen sollte man sich am zweiten Samstag im Advent den Großen Aufzug der Olbernhauer Saigerhüttenknappschaft, an dem auch befreundete Knappschaften teilnehmen. Sehenswert ist dieser Bergmannsaufzug unter anderem wegen seiner „lebendigen" Weihnachtsfiguren. Und das abendliche Turmblasen an der Stadtkirche versetzt wohl jeden in weihnachtliche Stimmung.

Reiterlein, Pfefferkuchenfrau und Nussknacker stehen noch bis zu Mariä Lichtmess auf dem Markt. Am 2. Februar wandern sie, sorgfältig gereinigt und verpackt, in ihr Sommerquartier. Stellvertretend für sie schmückt dann das Sommerreiterlein den Markt.

- Olbernhauer Reiterlein, Marktplatz, 09526 Olbernhau
- ÖPNV: Bus 207, 471, 473, Haltestelle Markt; RB 81, Haltestelle Olbernhau Bahnhof

Vergangenem nachspüren

2 Deutsches Landwirtschaftsmuseum in Blankenhain

Sachsen ist reich an sehenswerten Schlössern und Burgen. Ein besonders prachtvolles Schloss macht im westsächsischen Blankenhain, nahe Crimmitschau, von sich reden. Seine Anfänge gehen bis ins 12. Jahrhundert zurück. Einst gehörte es zu einem stattlichen Rittergut, das über die Jahrhunderte hinweg immer wieder erweitert, umgebaut und modernisiert wurde. In diesem historischen Rittergut befindet sich heute das Deutsche Landwirtschaftsmuseum. In 80 Gebäuden und baulichen Anlagen präsentieren sich gleich vier verschiedene Museumstypen: ein Schlossmuseum, ein Freilichtmuseum, ein Technikmuseum und ein Volkskundemuseum. Deshalb sollte, wer alle Teile besichtigen möchte, genügend Zeit mitbringen.

Die Darstellung der Landwirtschafts- und Landtechnikgeschichte bildet den Schwerpunkt der Museumsanlage. Alte Traktoren stehen neben Raupenschleppern und Geräten zur Feldbearbeitung. Im Schloss kommt man aus dem Staunen nicht heraus: Alle Räume sind so authentisch eingerichtet, als kämen ihre Bewohner gleich zur Tür herein. Das größtenteils originale Mobiliar zeigt die Wohnkultur der Besitzerfamilie Reber in den 1920er-Jahren. Bis zum Jahr 1774 herrschten auf Schloss Blankenhain Landadlige. Später waren es bürgerliche Familien und schließlich Fabrikanten, denen der Aufschwung der Textilindustrie in der Region Wohlstand gebracht hatte. Beeindruckend ist auch die Darstellung der Wohn- und Lebensverhältnisse der Landbevölkerung zu verschiedenen Zeiten, ebenso die Entwicklung des Handwerks im 19. Jahrhundert. In der Dorfschule werden die Besucher in die Kaiserzeit versetzt. Hier kann neben dem Schulzimmer auch die Wohnung des Lehrers besichtigt werden. Ein Novum war seinerzeit die zentrale Beheizung der ersten Schlossetage und der Kirche durch die warme Abluft der Dampfmaschine der Brauerei. Nach Kriegsende wurden Teile des Ritterguts abgerissen. Auch das Schloss sollte verschwinden. Der mutige Einsatz Blankenhainer Bürger hat das zum Glück verhindert.

- Deutsches Landwirtschaftsmuseum, Am Schloss 9, 08451 Crimmitschau (OT Blankenhain), www.deutsches-landwirtschaftsmuseum.de
- ÖPNV: Bus 165, 171, Haltestelle Blankenhain Schlosspark

In hölzerner Gesellschaft

3 Der Rastplatz Tisch'l im Abtwald bei Gelenau

Das Erzgebirge ist ein wahres Wanderparadies. Doch wer mehrere Stunden durch die reizvolle Landschaft streift, legt ab und zu auch gern eine Verschnaufpause ein. Im Abtwald, auf dem Weg von Gelenau zu den Greifensteinen oder auf dem Rundweg von und nach Burkhardtsdorf, lädt dazu das Tisch'l ein. Diesen Rastplatz gab es bereits im Mittelalter, doch erst seit wenigen Jahren macht er auf besondere Weise von sich reden: An dem ungewöhnlichen Unterstand – eine offene Ständerkonstruktion mit einem Dach aus fast 200 Holzschindeln – bleibt der Blick schon mal hängen. Jede der verschieden großen Schindeln sieht aus wie ein riesiges Lindenblatt. Auch die Holztische sind in Blattform gefertigt. Insgesamt 24 Personen finden an ihnen Platz. Doch damit nicht genug! Selbst der einsamste Wanderer, der sich zu einer Rast niederlässt, ist hier nicht allein. Etliche aus Holz gefertigte, teils lebensgroße Tiere leisten ihm Gesellschaft: Bär, Reh, Wolf, Wildschwein, Frosch, Igel. Tiere, die einst im Erzgebirge lebten oder hier noch immer leben. Ihr Dasein verdanken die hölzernen Ebenbilder den Freunden des Kettensägens.

Jährlich im Frühjahr organisiert die Gemeinde Gelenau einen Wettbewerb im Kettensägen, bei dem sich die internationale Elite trifft. Aber Achtung, das ist nichts für sensible Ohren! Doch wer den Teilnehmern einmal bei der Arbeit zugesehen hat, zieht respektvoll seinen Hut. In 45 Minuten müssen sie dem rohen Holz Leben eingehaucht oder besser gesagt eingesägt haben. Und das jeweils zu einem vorgegebenen Thema. Alle Tiere des Rastplatzes Tisch'l sind bei vergangenen Kettensäge-Wettbewerben entstanden. Und weil eine gute Idee oft gleich die nächste ins Leben ruft, wollen die Initiatoren einen weiteren Rastplatz mit Holzfiguren gestalten, die von der Besiedlung des Erzgebirges erzählen. Na dann: Gut Holz!

● Rastplatz Tisch'l, Theilemannweg, 09423 Gelenau

Vorhang auf!

4 Die Naturbühne Greifensteine in Ehrenfriedersdorf

Theater in freier Natur zu erleben, ist ein nachhaltiges Ereignis. Im Urlaubsland Sachsen gibt es zahlreiche einzigartige Natur- und Freilufttheater, die jährlich Tausende Besucher in ihren Bann ziehen. So auch die Naturbühne Greifensteine im größten zusammenhängenden Waldgebiet des mittleren Erzgebirges, nahe der Bergstadt Ehrenfriedersdorf. Ihre Kulisse ist einfach märchenhaft. Allein die Höhenlage mit über 730 Metern über Normalnull lässt die Bühne zum Erlebnis werden. Ringsum hoher Fichtenwald. Hinter der Bühne, wie eine riesige Dekoration, hoch aufragende, eigenwillig geformte Granitfelsen. Sie entstanden in Jahrtausenden durch vertikale und horizontale Verwitterung, die man als Wollsack- oder Matratzenform bezeichnet. Welch ein Anblick!

TIPP

Am Fuße der Greifensteine lässt es sich an der Talsperre Geyer wunderbar baden und campen.

Wo heute 1200 Zuschauer Platz finden, war früher ein lukrativer Granitsteinbruch. Doch von den vormals 13 Felsen sind nur sieben erhalten geblieben. Granit war seit jeher ein begehrter Stein. Nach der Landesteilung im 15. Jahrhundert in das kurfürstliche und das herzogliche Sachsen wurde Granit für die Grenzsteine verwendet. Auch für Tür- und Grabsteine, Mörser, Pflastersteine, Wassertröge und Viehtränken bevorzugten die Steinmetze Granit. Im 19. Jahrhundert setzten Freiberger Metallurgen den Greifenstein-Granit in ihren Amalgierwerken ein. Kein Wunder, dass die stolzen Felsgebilde nach und nach monetären Interessen wichen. Mitte der Fünfzigerjahre wurde der Steinbruchbetrieb endgültig eingestellt.

Die erste Theatervorstellung auf den Greifensteinen unter freiem Himmel fand am 21. Juni 1846 statt. Heute liegt der Spielbetrieb in der Hand des Eduard-von-Winterstein-Theaters Annaberg-Buchholz, das in der Sommersaison mit einem umfangreichen Festspielprogramm aufwartet. Neben Märchen, Operetten und volkstypischen Stücken finden seit 1987 zur Freude aller Kinofans auch Sommerfilmtage an diesem zauberhaften Ort statt.

● Naturbühne Greifensteine, Greifensteinstraße 44, 09427 Ehrenfriedersdorf, Tel. (03 73 46) 12 34, www.greifensteine.com

Einzigartige Figuren

5 Die bergmännische Krippe in Annaberg-Buchholz

Holzbildhauer und Kunstmaler aus der Region haben mit der Bergmännischen Krippe in der Bergkirche St. Marien am Annaberger Marktplatz ein einmaliges Kunstwerk geschaffen. In 15 Jahren Arbeit entstand die weltweit größte Krippe, ihre 35 geschnitzten Figuren sind jeweils etwa 1,20 Meter groß. Doch all diese Superlative sind nicht das, was den Betrachter der Figuren vor allem berührt. Es ist ihre Wahrhaftigkeit. Denn es scheint, als sei jede Figur lebendig. Als verharre sie nur für den Moment in Bewegungslosigkeit. Mimik und Gestik sind bis ins Detail ausgearbeitet und vermitteln ein Höchstmaß an Authentizität. Und noch etwas ist an dieser Krippe besonders: Sie bindet die Heilige Familie und sämtliche andere Figuren in eine bergmännische Szene des 19. Jahrhunderts ein. Im Mittelpunkt stehen Leben und Arbeit der Bergleute, der Bürger, der Handwerker, der einfachen Leute. So geht eine Bäckerfamilie mit Gaben zur Heiligen Familie. Zwei Nachtwächter berichten dem Ratsherrn und einer Marktfrau von der Geburt des Jesuskindes. Alle Figuren gemeinsam erzählen die Annaberger Weihnachtsgeschichte, in der Tradition des Bergbaus und christlicher Glaube ineinander übergehen. Statt der drei Weisen aus dem Morgenland überbringen drei Bergbeamte dem Jesuskind ihr Geschenk. Josef wird als Bergzimmerer dargestellt.

Realisiert wurde das außergewöhnliche Projekt über Spenden- und Sponsorengelder. Träger ist die Stadt Annaberg-Buchholz. Jährlich soll eine neue Figur innerhalb des Annaberger Krippenwegs an einer markanten Stelle aufgestellt werden, die den Weg zur Bergkirche St. Marien weist. Der „Landarzt" steht bereits in der Tourist-Information. Die Figuren der Krankenschwester und des alten Mannes mit Krücke haben im Erzgebirgsklinikum Annaberg ihr Zuhause gefunden. Am zweiten Advent wird die neue Figur zur Bergandacht vorgestellt. Allen Figuren ist eines gemeinsam: Sie erfahren die frohe Botschaft von der Geburt des Jesuskindes und geben sie an die Menschen weiter.

- Bergkirche St. Marien, Münzgasse 5, 09456 Annaberg-Buchholz
www.annaberg-buchholz.de/bergkirche
- ÖPNV: Bus A, B, C, D, Haltestelle Markt; RB 80, Haltestelle Unterer Bahnhof

Übers Moor spaziert

6 Das Georgenfelder Hochmoor bei Zinnwald

Es reicht über den Erzgebirgskamm bis ins Böhmische hinein, und das bereits seit etwa 10.000 Jahren. Das unbegrenzte Wachstum der Torfmoose soll zu einer uhrglasähnlichen Aufwölbung geführt haben. Daher rührt der Name „Hochmoor". Auf insgesamt 9 Kilometern begehbarer Wege kann das Georgenfelder Hochmoor erkundet werden. Zum erholsamen Naturerlebnis mit Aha-Effekt wird die Wanderung auf dem 1,2 Kilometer langen, gut mit Informationstafeln ausgestatteten Lehrpfad, der über Holzplanken führt. Zu beiden Seiten dieses sicheren Holzwegs zeigt sich eine Vielfalt moortypischer Pflanzen wie Moosbeere, rundblättriger Sonnentau, Wollgras, Heidekraut und Heidelbeere. Mitten in dem Areal führt der Lehrpfad plötzlich über eine erhöhte Brücke. Von ihrem höchsten Punkt aus eröffnet sich ein fantastischer Rundumblick. Es ist, als stehe man auf einem Aussichtsturm. Das Georgenfelder Hochmoor zählt zu den schönsten und am besten erhaltenen Hochmoorgebieten im Erzgebirge. Zwar wurde es wie so viele Moore in der Vergangenheit entwässert und zum Abbau von Torf genutzt, doch bereits im Jahr 1926 erklärte man es zum Naturschutzgebiet. Deshalb konnten sich beachtliche Teile wieder gut erholen. Das Georgenfelder Hochmoor stellt jedoch nur den sächsischen Teil eines wesentlich größeren Moorgebietes dar. Der überwiegende Teil liegt im benachbarten Tschechien.

Und wer sich nach einer sommerlichen Wanderung durch das Hochmoor gern erfrischen möchte, dem wird der Sprung ins stets kühle Wasser des kleinen Galgenteichs Altenberg eine Wohltat sein. Ein Naturbad, idyllisch gelegen am Fuß des Kahlebergs. Das Bad bietet nicht nur Liegewiesen unter Schatten spendenden Bäumen, sondern auch eine Riesenrutsche, einen Sprungturm, einen Kinder- und einen Beachvolleyballplatz, einen FKK-Bereich und eine Badgaststätte. Campingfreunden steht ein großer, modern ausgestatteter Parkplatz zur Verfügung mit freier Platzwahl und viel Herz für mitreisende Haustiere.

- Georgenfelder Hochmoor, Hochmoorweg 1, 01773 Altenberg (OT Zinnwald-Georgenfeld) www.naturbewahrung-osterzgebirge.de
- ÖPNV: Bus 360, 367, 398, Haltestelle Zinnwald-Georgenfeld Zum Lugstein (ca. 1 Kilometer Fußweg)

Gesichter der Natur

7 Angela Straßbergers Blütenbilder in Rabenau

Was sie antreibt, ist die Freude am Schönen. Wer ihre Werkstatt in Rabenau betritt und die farbige Vielfalt auf den weißen DIN-A3-Kartons erblickt, spürt das und bekommt sofort gute Laune. Die meisten ihrer Gäste sagen, solche Bilder hätten sie noch nirgendwo gesehen. Dabei ist die Methode, Naturmaterial zu trocknen und auf Karton zu kleben, nicht neu. Doch die Bilder, die Angela Straßberger kunstvoll aus getrockneten Blättern, Blüten und Gräsern arrangiert, sind einzigartig. Ein mit Blüten arrangierter Strauß bringt Freude. Ein aus Blumen und Gräsern geschaffenes Gesicht weckt das Gefühl, einem Menschen ins Antlitz zu schauen. Das ist es, was Angela Straßbergers Bilder so bewundernswert macht. Sie berühren die Seele und beflügeln die Fantasie.

Doch bis zu einem strahlenden Gesicht aus Naturmaterial ist es ein langer Weg, für den sie sich viel Zeit lässt, erklärt die Künstlerin. Zunächst sammelt sie draußen das Material, und das nicht nur auf blühenden Wiesen. Oft wird sie auch an Straßenrändern oder einem verlassenen Bahndamm fündig. Die sensible Phase des Trocknens und Pressens beherrscht Angela Straßberger inzwischen perfekt. In ihrer Werkstatt zeigt sie Interessierten, wie aufwendig dieser Vorgang ist, der nur mit Fingerspitzengefühl, viel Geduld und einer guten Portion Erfahrung gelingt. Wenn es so weit ist, wird das getrocknete Material mit einer Pinzette auf dem Karton platziert und fixiert.

TIPP

Nicht nur Saures gibt es in der Rollmopsschänke am Rabenauer Fußweg.

Jedes Bild ist ein Unikat, ein kleines, der Natur abgerungenes Kunstwerk. Die Gesichter der so entstandenen Blütenbilder sind nur sparsam angedeutet. Dennoch harmonieren sie auf faszinierende Weise mit dem üppigen Blütenschmuck, der sie als Haarpracht umringt. Neben großen Wandbildern fertigt Angela Straßberger unter anderem auch Geschenk- und Glückwunschkarten sowie Jahreskalender an. Wer ihre „Gesichter der Natur“ in Ruhe betrachtet, kann nicht anders, als die kleinen Schönheiten immer wieder zu bestaunen und sich gar in die eine oder andere ein wenig zu verlieben.

- Blütenbilder Angela Straßberger, Obernaundorfer Straße 9, 01734 Rabenau www.gesichter-der-natur.de
- ÖPNV: Bus 348, Haltestelle Freitaler Straße; Weißeritztalbahn, Haltestelle Rabenau Bahnhof

Bewundernswerte Tradition

8 Die Freilandpyramide in Schwarzenberg

Sie sind die Zierde zahlreicher Weihnachtsmärkte im Erzgebirge – die großen, mit Holzfiguren bestückten Freilandpyramiden. Mancherorts reichen sie fast an die Höhe des traditionellen Weihnachtsbaums heran. Die erste Freilandpyramide stand Weihnachten 1933 im sächsischen Frohnau. Inzwischen sind über 150 Ortschaften im Erzgebirge dieser vergleichsweise jungen Tradition mit bewundernswerter Vielfalt und Fantasie gefolgt. Eines haben fast alle gemeinsam: die Bauweise nach dem Prinzip des Göpels, einer bereits vor über 600 Jahren funktionierenden bergmännischen Förderanlage. Mit ihr wurden die Schächte vom Wasser befreit und freigehalten. Ein im Kreis laufendes Pferd übertrug seine Kraft auf ein Getriebe, das wiederum an einer dicken Stange, dem Spießgöpel, angebracht war. Wer nun wann auf die Idee kam, aus dieser überlebenswichtigen Förderanlage einen weihnachtlichen Hausschmuck zu kreieren, ist nicht überliefert. Es heißt jedoch, dass die böhmischen Nachbarn in ihren Kirchen schmale Holzstangen pyramidenförmig ineinander gestellt und Kerzen daran befestigt hatten. Ob das der Ursprung der späteren, sich drehenden erzgebirgischen Pyramide war?

Ein wahres Prachtstück einer Freilandpyramide besitzt die Stadt Schwarzenberg. Sie ist die älteste erhaltene, noch betriebene Freilandpyramide. Ihre fünf Etagen sind mit kirchlichen und bergmännischen Holzfiguren bestückt. Diese Kopien der originalen Figuren aus dem Herstellungsjahr 1934 sind besonders schöne Zeugnisse erzgebirgischer Schnitzkunst. Ein Hingucker ist auch das Flügelrad mit einem Durchmesser von über 3 Metern. Wer genau hinschaut, entdeckt in jedem der 20 Flügel unzählige kleine Sterne. Man verweilt gern vor dieser 7 Meter hohen Pyramide und lässt sich von ihrem Anblick verzaubern. Wie vielerorts wird auch in Schwarzenberg am ersten Adventswochenende das Pyramiden-Anschieben zelebriert. Ein feierlicher Höhepunkt mit erzgebirgischen Liedern, zu Herzen gehenden Worten und leuchtenden Kinderaugen.

● Schwarzenberger Weihnachtsmarkt, Marktplatz, 08340 Schwarzenberg
● ÖPNV: Bus A, B, Haltestelle Stadtschule oder Ärztehaus

Hohe Rechenkunst

9 Im Adam-Ries-Museum in Annaberg-Buchholz

Was er hinterließ, war riesig. Sein Name ist in die Geschichte eingegangen, allerdings ohne „e“ als letzten Buchstaben. Dass der berühmte Mann allzu oft Adam Riese genannt wird, ist der sprachlichen Bequemlichkeit des Volksmundes zuzuschreiben: Man sagt's, wie man's kennt. Dem Team des Adam-Ries-Museums in Annaberg-Buchholz passiert das garantiert nicht. Akribisch wacht es darüber, dass alles, was mit Adam Ries zu tun hat, auf wissenschaftlicher Grundlage basiert. Das Museum ist dafür der beste Beweis. Und wem die Rechenkunst und alles, was damit in Verbindung steht, ein Graus ist, sei gesagt: Hier kann man die Mathematik im wahrsten Sinne des Wortes begreifen.

Wer die modern gestalteten Räume des Museums wissensdurstig durchschreitet, dem geht bald das Glück verheißende Licht der Erkenntnis auf und er fragt sich, wie Adam Ries es geschafft hat, sein revolutionäres Wissen im 16. Jahrhundert an die Leute zu bringen. Auch darauf gibt das Museum Antwort. Adam Ries verbreitete die Rechenkunst vor allem durch seine deutschsprachigen Rechenbücher. Allein sein zweites Rechenbuch wurde an 13 Orten gedruckt und rasch verbreitet. Die Wissenschaft geht von über 100 Auflagen dieses Buchs aus, von denen die hiesige Adam-Ries-Bibliothek Kopien aufbewahrt. Logisch, dass auch in einer Vitrine des Museums ein Exemplar dieser bibliophilen Kostbarkeit zu bestaunen ist. Es gehörte ursprünglich der Schulbibliothek Annaberg, später ging es in den Bestand des Erzgebirgsmuseums über. Seit der Eröffnung des Adam-Ries-Museums im Jahr 1984 ist es hier zu bewundern.

Großer Beliebtheit erfreut sich auch die Annaberger Rechenschule, ein Ort der Freizeitgestaltung für mathematisch und historisch interessierte Schüler. Unter fachkundiger Anleitung erlernen sie Rechenverfahren der Adam-Ries-Zeit und erfahren Wissenswertes über den Rechenmeister. Nach erfolgreicher Teilnahme erhalten die jungen Mathefans die begehrte Urkunde „Rechenmeister auf dem Abakus“.

● Adam-Ries-Museum, Johannisgasse 23, 09456 Annaberg-Buchholz, Tel. (0 37 33) 2 21 86, www.adam-ries-museum.de
● ÖPNV: Bus A, B, C, D, Haltestelle Markt

ADAM-RIES-HAUS
ADAM RIES
1492 – 1559

Badespaß im Fichtenwald

10 Das Waldbad Rätzteich bei Marienberg

Wenn die Sonne die Temperaturen unerbittlich in die Höhe treibt, der Mensch dürstet, schwitzt und zusehends ermattet, dann hilft nur: Hinein ins kühle Nass! Wohl dem, der weiß, wo sich in der Nähe ein öffentliches Bad befindet. Am besten idyllisch gelegen am Rand eines Schatten spendenden Waldes mit großer Liegewiese, Spielplatz, Imbiss und FKK-Bereich.

Das Waldbad Rätzteich im gleichnamigen Naherholungsgebiet, Ortsteil Gelobtland, hat all das zu bieten. Die weiträumige, gepflegte Anlage wurde im Jahr 2009 komplett saniert. Das Bad ist ein echter Geheimtipp, besonders für Familien, die in der Region um die Bergstadt Marienberg Urlaub machen. Die Bezeichnung Waldbad trägt es zu Recht, denn das 25.000 Quadratmeter große Areal ist ringsum von hohem Fichtenwald umgeben. Die großzügige Liegefläche bietet Sonnenanbetern wie Schattensuchenden ausreichend Platz. Auch das Wasserbecken, in Schwimmer- und Nichtschwimmerbereich geteilt, kann sich sehen lassen. In den Sommermonaten beträgt die Wassertemperatur im Schnitt 21 Grad Celsius. Neben dem Badespaß kommt der Sport nicht zu kurz. Man kann Volleyball oder Tischtennis spielen. Kinder freuen sich über die Großspielgeräte, an denen sie nach Herzenslust klettern können. Auch für das leibliche Wohl der Badegäste ist gesorgt: Ein Imbissstand lädt zu einer Stärkung ein.

Und wer sich zwischen den Badefreuden ein wenig die Beine vertreten und ein Stück unberührte Natur genießen möchte, geht zum Oberen Rätzteich, einem malerisch gelegenen Biotop mit Wasservögeln, Amphibien, Schmetterlingen und Libellen. Je nach Witterung hat das Waldbad Rätzteich von Ende Mai bis Anfang September geöffnet. Allerdings ist es derzeit noch eingeschränkt mit öffentlichen Verkehrsmitteln zu erreichen, besser mit dem Auto, dem Fahrrad oder zu Fuß anreisen. Letzteres ist verlockend, weil es in dem Waldgebiet zahlreiche Wander- und Fahrradwege gibt sowie einen Rundweg für Inlineskater um das Waldbad und das Tourismuszentrum Gelobtland herum.

● Waldbad Rätzteich, Gelobtland 27 c, 09496 Marienberg (OT Gelobtland)
www.marienberg.de/kultur-tourismus/natur-sport/waldbad-raetzteich
● ÖPNV: Bus B, C, E, Haltestelle Gelobtland Tourismuszentrum

Bimmelbahn mit Pfiff

11 Die Weißeritztalbahn

Sie ist eine der fünf täglich verkehrenden Schmalspurbahnen in Sachsen. Und schmal ist sie im wahrsten Sinne des Wortes: Der Abstand der Schienen beträgt nur 750 Millimeter. Von den fünf Schwestern ist sie die älteste. Seit 140 Jahren dampfen ihre Züge durch eine Landschaft, wie sie romantischer und abwechslungsreicher nicht sein könnte. Die Strecke gilt als eine der landschaftlich schönsten Eisenbahnstrecken Europas.

Die Fahrt beginnt in Freital-Hainsberg und endet im Kurort Kipsdorf. In 105 Minuten legt der Zug 26,3 Kilometer zurück und überwindet einen Höhenunterschied von 350 Metern. Verzückt bleiben Wanderer stehen, wenn die schwarze Lok mit schrillem Pfiff, Glockengebimmel und weithin sichtbarer Rauchfahne in eine der 13 Stationen einfährt. Im Sommer wird zwischen die geschlossenen grünen Wagen ein offener Wagen eingehängt. Hier weht einem der Wind um die Nase, während man die Natur in luftiger Fahrt genießt. Zunächst geht es durch den Rabenauer Grund ins Tal der Roten Weißeritz. Der Gebirgsfluss begleitet den Zug fast während der gesamten Fahrt. Vorbei an der Talsperre Malter muss die Lok hinter Dippoldiswalde und Schmiedeberg kräftig ziehen, denn bis zum Bahnhof Kurort Kipsdorf geht es, umringt von hohen Fichtenwäldern, stetig bergan. Der Betreiber der Dampfbahn bietet rund ums Jahr 18 erlebnisreiche Themenfahrten an, die auch als Gutschein verschenkt werden können. Bei „Werkstatt mit Volldampf“ wird unter sachkundiger Leitung die Lok- und Wagenwerkstatt besichtigt. Zur Osterzgebirgischen Kräutertour lädt eine allwissende Kräuterfrau ein. Geheimnisvoll geht es auf der Märchenfahrt zu, wenn die Märchenfee in den geschmückten Wagen steigt, um den Fahrgästen höchst erstaunliche Geschichten zu erzählen. Auch der Oster-, der Zuckertüten- und der Nikolausexpress halten allerlei Überraschungen bereit. Egal, wofür man sich entscheidet, eines ist gewiss: Den Ausflug ins Osterzgebirge unternimmt man am besten mit der Bimmelbahn.

TIPP

Beim Halt in Schmiedeberg lohnt der Weg zum Backlokal Pfützner (Altenberger Straße 10).

- IG Weißeritztalbahn e. V., Dresdner Straße 280, 01705 Freital (OT Hainsberg)
  www.weisseritztalbahn.com
- ÖPNV: RB 30, S 3, Bus 160, 161, Haltestelle Freital-Hainsberg Bahnhof

99 1793-1

Wandern, staunen, lernen

12 Der Energie-Erlebnispfad im Rabenauer Grund

Südlich von Dresden erstreckt sich der Rabenauer Grund. Das beliebte Wandergebiet besticht durch seine wildromantische Lage. Die Rote Weißeritz hat hier ein bis zu 120 Meter tiefes steilwandiges Kerbtal geschaffen. Der Name des Gebirgsflusses entstand, nachdem an seinem Oberlauf Bergbau betrieben und die Rückstände in das Gewässer abgeleitet wurden. An den bizarren Felserhebungen erfreuen sich Wandernde ebenso wie an den beeindruckenden Schlucht- und Schatthangwäldern, den zahlreichen dahinplätschernden Bächen und den Steinbogenbrücken, über die mehrmals am Tag die Weißeritztalbahn dampft.

Entlang der Roten und der Wilden Weißeritz gibt es seit 1998 einen 40 Kilometer langen Rundweg zum Thema Energie. Auf dem gut ausgeschilderten Wander- und Lehrpfad wird Mitmachen großgeschrieben, und das für Jung und Alt. Zur Wahl stehen hier mittlerweile zwölf Erlebnisbereiche, weitere sollen folgen. Dabei ist es egal, von wo aus man auf den Weg gelangt und in welche Richtung man geht. Jeder Erlebnisbereich hat etwas Besonderes zu bieten. So kann man am Standort 3 zum Thema „Strom und Wärme aus Sonnenenergie" die Temperaturunterschiede auf Materialoberflächen fühlen, ein Solarmodul bedienen und die Drehscheibe beobachten. Am Standort 4 dreht sich alles um Strom aus Wasserkraft. Und am Standort 6 lernt man den Aufbau und die Funktion einer Talsperren-Staumauer kennen.

Bei so viel Wander- und Erlebnislust wächst irgendwann das Verlangen nach einer Rast. Welch ein Glück, dass es im Talgrund die Rabenauer Mühle gibt. Urlauber wissen das gleichnamige Hotel zu schätzen. Im SB-Restaurant Zum Wanderer können Ausflügler zu neuen Kräften kommen, um danach die Wanderung durch den Rabenauer Grund fortzusetzen. Zum Beispiel nach Rabenau, Deutschlands ältester Stuhlbauerstadt mit ihrem sehenswerten Stuhlbaumuseum.

- Energie-Erlebnispfad, Einstieg zum Beispiel bei der Rabenauer Mühle, Bahnhofstraße 23, 01734 Rabenau
- ÖPNV: Weißeritztalbahn, Bus 376, Haltestelle Rabenau Bahnhof

Zur Spitze geklöppelt

13 In der Klöppelschule von Annaberg-Buchholz

Wer einer geübten Klöpplerin bei der Arbeit zuschaut, denkt unwillkürlich an Zauberei. In ihren Händen fliegen die Klöppel – spindelförmige Holzspulen, in denen reißfestes, meist weißes Leinengarn aufgewickelt ist – in Windeseile über das mit Stecknadeln bestückte Klöppelkissen. Unmöglich, den raschen Bewegungen mit den Augen zu folgen. Fasziniert bleibt man bei der Klöpplerin stehen und beobachtet, wie aus den ineinander gedrehten und gekreuzten Fäden nach und nach eine Spitze, ein Deckchen oder ein Fensterbild entsteht. Erfahrene Klöpplerinnen arbeiten mit bis zu 100 Klöppeln gleichzeitig. Die aus Italien und Belgien kommende Spitzenklöppelei ist seit etwa 500 Jahren eine in der Erzgebirgsregion fest verankerte handwerkliche Tradition. Nirgendwo sonst erlangte sie so große Bedeutung. Um das Jahr 1600 sollen im Erzgebirge an die 10.000 Klöpplerinnen ihr Brot mit Klöppelspitzen verdient haben. Die in Annaberg-Buchholz ansässige Unternehmerin Barbara Uthmann hatte den Vertrieb der geklöppelten Spitzen und Borten in Gang gebracht und der Region damit zu wirtschaftlichem Aufschwung verholfen.
Doch wann und wo kann man heutzutage noch Klöpplerinnen auf die flinken Finger schauen? In der Adventszeit auf zahlreichen Weihnachtsmärkten im Erzgebirge oder bei Vorführungen in einigen Heimatmuseen. Das ganze Jahr über lädt die Klöppelschule Barbara Uthmann in Annaberg-Buchholz, die zum Kulturzentrum Erzhammer gehört, Interessierte zum Betrachten, Staunen und Mitmachen ein und bietet damit eine schöpferische Inspiration. Neben Klöppelkursen für Anfänger und Fortgeschrittene veranstaltet sie auch Klöppelurlaube von 2, 3 oder 5 Tagen. Kompetente Kursleiterinnen sorgen dafür, dass alle Teilnehmer individuell betreut werden und ihre kreative Auszeit mit einer eigenen Arbeit abschließen. Die Nachmittage und Abende können für Erkundungen der Bergstadt und ihrer Umgebung genutzt werden. Kurs und Freizeit ergänzen sich zum kreativen und erholsamen Urlaub.

● Klöppelschule Barbara Uthmann (Kulturzentrum Erzhammer), Buchholzer Straße 2, 09456 Annaberg-Buchholz, Tel. (0 37 33) 42 52 58
www.erzhammer.de
● ÖPNV: Bus A, B, C, D, Haltestelle Markt

Frau Fischer

In Ehrfurcht verweilen

14 Die Agricola-Ausstellung im Schloss Hinterglauchau

Hoch über der Zwickauer Mulde erhebt sich der imposante Schlösserkomplex der einstigen Herren von Schönburg. Ihre mittelalterliche Burg in der Herrschaft Glauchau wurde Ende des 15. Jahrhunderts zu einem spätgotischen Wohnschloss umgebaut und nach etlichen Erweiterungsbauten schließlich aus erbrechtlichen Gründen in Schloss Forderglauchau und Schloss Hinterglauchau geteilt. Seit fast 140 Jahren wird das Schloss Hinterglauchau für museale Zwecke genutzt. Im Mittelpunkt stehen dabei Themen zur Geschichte des Schlosses und ihrer Bewohner, zur Stadtgeschichte sowie zum Alltagsleben der Weber vom 16. bis zum 20. Jahrhundert. Besichtigt werden können auch die Hofküche, die Schlosskapelle, das Verlies, die Remise und nach Voranmeldung die unterirdischen Gänge.

Eine dieser ständigen Ausstellungen ist dem wohl bekanntesten Sohn der Stadt Glauchau gewidmet: Georgius Agricola. Er war ein herausragender Gelehrter, Humanist, Arzt und Politiker. Ein Multitalent würden wir heute sagen, das sich wie kaum ein anderer seiner Zeit in den verschiedensten Wissenschaften zu Hause fühlte. Mit seinem unerschöpflichen Drang, die Dinge zu hinterfragen und ihre Geheimnisse zu enträtseln, erweiterte er den Wissensfundus der Welt beträchtlich. Am 24. März 1494 wurde Georgius Agricola als Sohn eines Färbers in Glauchau geboren. Nach seiner Schulzeit studierte er bis zum Jahr 1518 an mehreren Universitäten, promovierte in Italien zum Doktor der Medizin, war viele Jahre als Arzt und Apotheker im böhmischen Joachimsthal tätig, ließ sich nach 1531 als Stadtleibarzt in Chemnitz nieder und begann, hier intensiv zu forschen. Dem Berg- und Hüttenwesen wandte er sich in besonderem Maße zu. Sein Werk „De re metallica libri XII" und seine Arbeiten zur Mineralogie und den Erzlagerstätten verschafften ihm Weltruhm. Georgius Agricola wird als „Vater der Mineralogie" bezeichnet und gilt noch heute als Begründer der Montanwissenschaften.

● Schloss Hinterglauchau, Schlossplatz 5 a, 08371 Glauchau, Tel. (0 37 63) 77 75 80
www.glauchau.de/de/ausstellungen.html
● ÖPNV: Bus 101, Haltestelle Schlossplatz

Alten Bergbau neu erleben

15 Der Pferdegöpel auf dem Rudolphschacht in Lauta

Von Pferdegöpeln ist im Erzgebirge des Öfteren die Rede. Mit dem Göpel wurde im Bergbau Erz und taubes Gestein aus der Tiefe gefördert. Die geniale Erfindung hat das Leben der Menschen in früheren Zeiten merklich erleichtert und mancherorts erst möglich gemacht. Wie diese technische Anlage funktionierte, kann man in Lauta, einem Ortsteil von Marienberg, auf dem ehemaligen Gelände des Rudolphschachts sehen. Mit dem originalgetreuen Nachbau der einstigen Bergbautechnik wurde ein Stück Marienberger Bergbaugeschichte wieder lebendig. Besucher können sich mit dem Aufbau und der Arbeitsweise der Förderanlage, die von 1838 bis 1877 in Betrieb war, vertraut machen. Spätestens danach sehen sie die Parallelen zum Aufbau der Weihnachtspyramiden, denn nach diesem Prinzip sind sie entstanden: in der Mitte eine sich drehende Welle, drumherum die antreibende Energie, sei es durch das im Kreis laufende Pferd oder die von Kerzen aufsteigende warme Luft.

Interessante Entdeckungen hält auch das Dachgeschoss des Besucherzentrums bereit. Die Ausstellung „Bergbau im Marienberger Revier" zeigt unter anderem Exponate zum Abbau von Silber, Uran und Flussspat. Seit dem Jahr 2008 gibt es auf dem Gelände eine historische Bergschmiede. Hier können Besucher bei Schauvorführungen ihren eigenen Göpel-Taler prägen. Der liebevoll gestaltete Märchenberg mit über 20 beweglichen Märchenfiguren der Gebrüder Grimm ist ein besonderer Glücksort für Kinder, und das nicht nur zur Weihnachtszeit.

Nach der Besichtigung dieser modernen Besucheranlage auf dem Rudolphschacht darf ein Spaziergang durch die Bergstadt Marienberg nicht fehlen. Seit dem Jahr 2019 ist ihr historischer Stadtkern UNESCO-Weltkulturerbe. Und wem nach so einem erlebnisreichen Tag nach Abkühlung und Entspannung ist, der begebe sich ins AQUA MARIEN, Sachsens größtes Freizeitbad.

- Pferdegöpel auf dem Rudolphschacht, Lautaer Hauptstraße 12, 09496 Marienberg (OT Lauta)
- ÖPNV: Bus D, 207, 216, 489, 492, Haltestelle Lauta Hauptstraße

Klänge der Natur

16 Im Schellerhauer Bergblumengarten

Urlaub machen! Damit verbinden wir vor allem Orte zum Entspannen. Um dem Alltagsstress für einige Zeit zu entfliehen, ist aktive Erholung ebenso angesagt wie der Rückzug in Oasen der Ruhe, der sanften Düfte und harmonischen Klänge. Eine solche Oase bietet der Botanische Garten Schellerhau. Auf der 1,5 Hektar großen Anlage wachsen nicht nur heimische Arten, sondern auch alpine Pflanzen aus den Mittel- und Hochgebirgen Europas, Nordamerikas, Asiens und dem Kaukasus. Insgesamt sind das über 1400 Pflanzen. Neben der Pflege der vorhandenen Flora werden seltene und auf der Roten Liste der bedrohten Arten stehende Pflanzen gezogen. Daher ist der Garten in das Artenschutzprogramm des Freistaates Sachsen integriert.

Der Botanische Garten Schellerhau geht zurück auf den Königlich-Sächsischen Gartenbauinspektor Poscharsky. Er wollte herausfinden, was in den Höhenlagen des Erzgebirges bei 5 Grad Celsius Jahresmitteltemperatur gedeihen kann. Einen Teil seines Gartens widmete er alpinen Gewächsen. Daraus entwickelte sich der heutige Botanische Garten, der seinen Konkurrenten in ähnlicher klimatischer Lage einiges voraushat. Behutsam ist ein Klangerlebnispfad in die Anlage integriert, der insbesondere den kleinen Gartenbesuchern viel Freude bereitet. An ausgewählten Stellen des Gartens befinden sich neun naturnah angepasste Klangobjekte, die zum Experimentieren einladen und auf spielerische Weise den Zusammenhang zwischen Musik, Mathematik und Natur vermitteln. Zu erkunden sind unter anderem eine Windharfe, ein Metallröhrenspiel, der große chinesische Gong, ein begehbares Treppenxylophon, die singende Trommel mit einem Klangspektrum zwischen Löwengebrüll und Synthesizer-Musik oder auch der Respekt einflößende Summstein, der auf steinzeitliche Höröffnungen in großen Steinen zurückgeht. Allein schon die verschiedenen Materialien wie Holz, Metall und Stein erzeugen beim Anspiel unterschiedliche Töne, die zu ganz eigenen, selbst erzeugten und unvergesslichen Klangerlebnissen führen.

- Bergblumengarten Schellerhau, Hauptstraße 41 a, 01773 Altenberg (OT Schellerhau)
www.botanischer-garten-schellerhau.de
- ÖPNV: Bus 367, Haltestelle Schellerhau Oberer Gasthof/Botanischer Garten

Es ist noch Suppe da!

17 Im Suppenmuseum Neudorf

„Fünf sind geladen. Zehn sind gekommen. Gieß Wasser zur Suppe. Heiß alle willkommen!“ Dieses alte Sprichwort macht man sich in Neudorf garantiert nicht zum Grundsatz, denn hier liebt man leckere Suppen und alles, was mit ihrer Zubereitung zu tun hat. Die Liebe zur Suppe geht so weit, dass die Neudorfer der köstlichen Löffelspeise im ehemaligen Rathaus ein Museum gewidmet haben: das Suppenmuseum Neudorf.

Diese in Deutschland einmalige Attraktion hat einen ernsten Hintergrund. In früheren Zeiten war das Erzgebirge eine arme Gegend. Das herbe Klima in den Bergen und die oftmals großen finanziellen Nöte prägten das Leben der Menschen. Besonders im Winter bekamen die Familien kaum etwas Essbares auf den Tisch, und allzu oft konnte die Mutter ihren Lieben nur eine Suppe vorsetzen. So dünn und fettarm sie auch war, füllte sie doch für einige Zeit die Mägen. Mit den Jahren wurde aus der Not eine Leidenschaft und aus den kargen Suppen leckere, Gaumen und Magen verwöhnende Mahlzeiten, wie man sie heutzutage kaum noch auf deutschen Speisekarten findet.

Wer durch die sieben Museumsräume schlendert, möchte sich am liebsten gleich selbst an den Herd stellen. Dazu verlocken die vier original eingerichteten Küchen aus den Jahren 1910, 1930, 1960 und 1970. Zudem gibt es jede Menge Küchenzubehör zu sehen. 1000 verschiedene Löffel allein in der Löffelei. Darüber hinaus dokumentiert eine Vielzahl an Töpfen, Tellern, Terrinen und Pfannen anschaulich die Geschichte der einfachen Kochkunst in den Erzgebirgsdörfern.

Jeweils im Oktober laden die Neudörfer in ihrem Ortskern zur Kirmes im Suppenland ein. Das prämierte Suppenrezept wandert danach ins Suppenarchiv des Museums. Gemeinsam mit den Rezepten der Suppe des Monats ist daraus inzwischen ein Rezeptbuch entstanden, das nur im Museum erhältlich ist. Suppenfreunde und kochfreudige Familien werden es lieben, weil es wahre Schätze in die Töpfe zaubert. Und weil es Spaß macht, wenn nicht jeder sein eigenes Süppchen kocht.

- Suppenmuseum Neudorf, Karlsbader Straße 164, 09465 Sehmatal (OT Neudorf), Tel. (03 73 42) 1 60 45, www.suppenmuseum-neudorf.de
- ÖPNV: Bus 428, 436, Haltestelle Neudorf Gasthof Kaiserhof

Schnellkochtopf
von 1933
Roeder

Schmuckstück mit Stil

18 Die Baldauf Villa in Marienberg

Wer schöne Villen liebt und sich gern an ihrem schmucken Aussehen erfreut, begebe sich in Marienberg auf den Anton-Günther-Weg 4, genieße den Anblick der prächtigen Baldauf Villa und besuche sie. Das repräsentative, mit Elementen des Jugendstils ausgeschmückte frühere Wohnhaus des ehemaligen Unternehmers und Marienberger Stadtrats Gerhard Baldauf ist ein echtes Juwel der Villenarchitektur des beginnenden 20. Jahrhunderts.

Mit seiner Knopf- und Metallwarenfabrik erfolgreich geworden, beauftragte Gerhard Baldauf den Zwickauer Architekten Gustav Hacault mit der Erweiterung und dem zeitgemäßen Umbau seines Landhauses. Der Architekt schuf Meisterliches, von der individuellen Dachgestaltung über den formenreichen Fassadenschmuck bis hin zum großzügig angefügten Wintergarten. Alles an dieser im Jahr 1913 fertiggestellten Villa spiegelt den Wohlstand seiner Erbauer wider. Das eindrucksvolle Gebäude zeugt nicht nur vom Repräsentationsbedürfnis des wohlhabenden Unternehmers, sondern auch von seiner anspruchsvollen Wohnkultur. So lässt unter anderem die detailreich restaurierte Wand- und Deckengestaltung im Treppenhaus und im einstigen Herrenzimmer den Glanz der „goldenen Jahre“ erahnen.

TIPP

In Marienberg punktet das Café Markt 7 auch mit kundenfreundlichen Öffnungszeiten.

Ein Blick in die wechselnde Nutzung der Villa stimmt nachdenklich. Gerhard Baldauf musste sie im Jahr 1936 wegen wirtschaftlicher Schwierigkeiten verkaufen. Zunächst diente sie dem neuen Besitzer als Ferienheim für seine Arbeiter. Nach 1945 war sie Säuglingsheim, Entbindungsstation, Kreiskommandantur der Sowjetischen Militäradministration und schließlich Pionierhaus. Seit 1982 steht sie unter Denkmalschutz, wurde aufwendig saniert und gehört seit 2009 zum kul(T)our-Betrieb des Erzgebirgskreises. Heute laden wechselnde Ausstellungen, Konzerte, Lesungen und Theateraufführungen sowie zahlreiche Kreativangebote zum Besuch der Baldauf Villa ein.

- Baldauf Villa, Anton-Günther-Weg 4, 09496 Marienberg, Tel. (0 37 35) 2 20 45 www.baldauf-villa.de
- ÖPNV: Bus 207, Haltestelle Herzog-Heinrich-Grundschule; Bus A, Haltestelle Parkplatz Freiberger Straße

Hoch auf dem gelben Wagen

19 Mit Posthornklang durchs Erzgebirge

Fahrbereit warten die gelben, nach originalem Vorbild nachgebauten Postkutschen am vereinbarten Haltepunkt im Kurort Seiffen. Die Fahrt entlang der Erzgebirgs-Kammstraße steht bevor, eine der fünf angebotenen Erlebnisfahrten. Heute werden die Gäste sächsische Postkutschengeschichte hautnah erleben. Sechs Personen finden im Wagen Platz und sechs auf dem Dach, ein besonderer Spaß für die Kinder. Mit maximal zwölf Gästen und zwei Postillionen ist die Kutsche voll besetzt und bringt stolze 2,2 Tonnen auf die Waage. Da haben die vier Pferde ordentlich was zu ziehen. Und weil die Fahrt größtenteils durch die freie Natur über Feld- und Waldwege führt, ist die Wegstrecke nicht immer asphaltiert. Doch keine Bange! Für die Sicherheit der Fahrgäste ist gesorgt. Alle Kutschen sind vom TÜV geprüft und besitzen vier moderne Scheibenbremsen. Die ausgebildeten Postillione halten die Zügel stets sicher in den Händen. Und die Pferde sind für diese Arbeit gut trainiert. Sie können jeweils das Doppelte ihres Körpergewichtes von circa 600 bis 700 Kilogramm ziehen. Das sind mächtig viele PS. Bei längeren Postkutschenreisen gesellt sich ein zertifizierter Gästeführer hinzu. Er unterhält und umsorgt die Fahrgesellschaft und organisiert die kulinarischen Zwischenstopps.

Besonders natur- und erlebnisreich sind die Fahrtrouten entlang der Alten und der Neuen Teplitzer Poststraße, beide einst wichtige Handelsstraßen zwischen Dresden und Böhmen. Oft geht die Fahrt an denkmalgeschützten posthistorischen Zeitzeugen vorbei, allen voran die kursächsischen Postmeilensäulen.

Lange Zeit waren die alten Postverbindungen in Vergessenheit geraten. Seit dem Jahr 2004 sind sie durch den Einsatz des 1. Sächsischen Postkutschenvereins e. V. für touristische Erlebnisse wieder neu entdeckt worden. Zum Glück! Denn wer in eine der knallgelben Kutschen steigt, das Rattern der Räder und das Getrappel der schnaufenden Pferde vernimmt, meint bald, er reise tatsächlich wie vor 200 Jahren.

- Postkutschenfahrten, ab Waldgasthof Bad Einsiedel, Badstraße 1, 09548 Seiffen www.poststraßen-erleben.de
- ÖPNV: Bus 453, 737, Haltestelle Freilichtmuseum (ca. 1,5 Kilometer Fußweg)

Edle Tropfen

20

Im Spirituosenmuseum Lauter

Im Osten Deutschlands war er ein Renner, ein Muntermacher, ein Seelentröster – je nachdem, wie viele Gläschen des 25-prozentigen Kaffeelikörs man sich gegönnt hatte. Unter dem Namen „Lauterer Luft" brachte er es zu Kultcharakter und erfreut sich noch immer großer Beliebtheit. Doch der Likör steht nicht allein in den Regalen des heutigen Spirituosenmuseums Lauter – ein kleiner Ort zwischen Aue und Schwarzenberg. Vor allem für seine Obstbrände legt sich das auf fast 300 Jahre zurückblickende Familienunternehmen mächtig ins Zeug. Beim Rundgang durch das Museum erfährt der Gast, dass Lautergold das einzige Unternehmen im Erzgebirge ist, das seine Obstbrände selbst brennt. Grundlage der hochwertigen Kräuter- und Fruchtliköre sind traditionsgemäß einheimische Kräuter, Wurzeln und Wildfrüchte, die nach teils uralten Rezepten verarbeitet werden. Wie praktisch, dass der hauseigene Kräutergarten direkt am Haus liegt.

Bei der Erfindung des hiesigen Kräuterlikörs hatte, wie so oft in Sachsen, August der Starke seine Finger im Spiel. Oder besser gesagt, sein Begehr nach einem lebensverlängernden Elixier. Majestät war für seine ausufernde Lebenslust bekannt. Seine Laboranten entdeckten im Erzgebirge neben dem beliebten Vogelbeerbaum auch eine Vielzahl heilsamer Kräuter und mixten daraus erfolgreich einen hochprozentigen Likör. Ihre Niederlassung in Lauta im Jahr 1734 war der Vorläufer des späteren Unternehmens. Für August den Starken kam das vermeintliche Elixier indes zu spät. Ein Jahr zuvor starb er in Dresden an schwerem Diabetes. Während des Museumsrundgangs kann in der modernen gläsernen Brennerei der Herstellungsprozess der Produkte verfolgt werden. Sie tragen oft exotische Namen wie „Kräutergold", „Schwarzer Balsam", „Vugelbeertroppn" oder „Blauer Bison". Im Stübl des Museums darf man gern probieren. Aber Vorsicht, der Genuss liegt im Maßhalten, denn beachtliche 40 verschiedene Spirituosen stehen zur Verkostung bereit. Na, wenn das kein Glücksort ist.

● Lautergold Paul Schubert GmbH, August-Bebel-Straße 5, 08315 Lauter-Bernsdorf (OT Lauter), Tel. (0 37 71) 25 63 91, www.lautergold.de
● ÖPNV: Bus 376, Haltestelle Lauter Markt

ARNOLD HOLSTEIN
MARKDORF / BODENSEE

Vom Turm geschaut

21 Das Haus Auersberg auf dem Auersberg

Wer den Aufstieg zum Gipfel des 1019 Meter hohen Auersbergs im Westerzgebirge geschafft hat, verdient sich eine zünftige Rast, und die gibt es im Haus Auersberg. Die Bergwirtschaft hat alles zu bieten, was Wandersleute glücklich macht: eine urige, pieksaubere Gaststube mit regionaler Hausmannskost, herzhaften Salaten, leckeren Kuchen und kühlen Getränken. Wer ein paar Tage bleiben und die herrliche Umgebung erwandern will, kann sich auch über ein gemütliches Bett im Haus freuen.

Die Region rund um den Auersberg, nahe der Grenze zu Böhmen, gilt als das größte geschlossene Waldgebiet Sachsens. Darin nach Herzenslust zu wandern, lohnt sich nicht nur für Aktivurlauber. Jene, die Ruhe suchen und sich in der noch intakten Natur entspannen möchten, wissen den Auersberg ebenfalls zu schätzen. Über 400 Kilometer gut ausgeschilderte Wanderwege und Naturlehrpfade stehen Wanderfreunden zur Verfügung, darunter der beliebte Kammweg. Auch in der kalten Jahreszeit ist das Haus Auersberg ein Glücksort für Naturfreunde und Wintersportler. Vieles, was für den aktiven Winterurlaub benötigt wird, kann ausgeliehen werden, zum Beispiel Langlaufski, Schneeschuhe, Geocaching-Sets.

Zu jeder Jahreszeit kann der steinerne, gleich neben dem Haus stehende Aussichtsturm bestiegen werden. Er bietet eine fantastische Rundumsicht bis ins Vogtland und das böhmische Erzgebirge. Bereits im 17. Jahrhundert war hier ein hölzerner Turm errichtet worden – unter anderem, weil die sächsischen Kurfürsten ihr Jagdrevier vom höchsten Punkt aus überschauen wollten. Das atemberaubende Panorama war den Verantwortlichen im Jahr 1860 einen steinernen Turm aus Granitblöcken wert. Auf Initiative des Erzgebirgsvereins zog im Jahr 1907 in das gegenüberliegende Gebäude die Bergwirtschaft Haus Auersberg ein. Im Jahr darauf gab sich auch Friedrich August III., der letzte sächsische König, die Ehre. Ein Gemälde im Gastraum erinnert daran.

● Haus Auersberg, Auersberg, 08309 Eibenstock, Tel. (03 77 52) 69 92 58
www.auersberghaus.de

Dörfliche Idylle

22 Im Dorfmuseum Gahlenz

Wäre es nicht reizvoll, einmal in längst vergangene Zeiten zu entfliehen und sich neugierig umzusehen, wie die Menschen damals lebten? In Gahlenz, einem Ortsteil von Oederan, ist diese Zeitreise möglich. Hier existiert nachweislich seit dem Jahr 1653 ein Bauernhof. Sein Hauptgebäude, das Wohnstallhaus, wurde in fränkischer Fachwerkbauweise errichtet. Es erinnert damit an jene Siedler, die – angelockt vom Großen Berggeschrey, also der Nachricht von großen Erzfunden – zum Ende des 15. Jahrhunderts ins Erzgebirge kamen und hier eine neue Heimat fanden.

Der Dreiseitenhof ist typisch für das mittelsächsische Erzgebirge. Auch deshalb lag es nahe, ihn zu erhalten. Mit großer Fachkompetenz und Liebe fürs Detail trieben engagierte Bürger des Ortes den Ausbau des Hofes zu einem Agrarhistorischen Museum voran. Entstanden ist das Dorfmuseum Gahlenz. Seit 1992 ist es als Zeugnis bäuerlichen Lebens für die Öffentlichkeit zugänglich.

Was der Hof früher erwirtschaftete, diente vor allem der Selbstversorgung. Hinter dem Lattenzaun am Wiesenrand thront, bunt bemalt, das Bienenhaus. Unmittelbar am Wohnhaus ist der Gemüse- und Kräutergarten angelegt. Und im Backhaus steht ein altdeutscher Lehmbackofen, der zu den Winterarbeiten auf dem Bauernhof und zum Erntefest angeworfen wird und den Besuchern frisches Brot und duftenden Zuckerkuchen schenkt. Zu den Winterarbeiten ist auch der Pferdegöpel in Aktion, der seine Kraft an die Dreschmaschine in der Scheune überträgt. Dort führt eine Holzstiege auf den ehemaligen Heuboden, der etliche historische Maschinen und Gerätschaften beherbergt. Ein wahres Schmuckstück des Museums sind die Wohnräume im Wohnstallhaus. Stube, Küche, Schlafzimmer, Schnitzer- und Klöppelzimmer – alles ist original mit Mobiliar und Interieur aus den 1920er-Jahren und früher ausgestattet. Wer die gute Stube betritt, meint, gleich kämen die Urgroßeltern der Familie herein, um nach getaner Arbeit gemeinsam in den wohlverdienten Feierabend zu gehen.

● Dorfmuseum Gahlenz, Gahlenzer Straße 105, 09569 Oederan (OT Gahlenz),
Tel. (03 72 92) 2 09 75
www.heimatverein-gahlenz.de

Kein bisschen lahm

23 Mit dem Lama durchs Schwarzwassertal

Wie bekommen Kinder Spaß am Wandern? Am besten in Begleitung eines großen, friedfertigen Tiers. Eines Lamas zum Beispiel. Lamas sind freundliche, neugierige und auf den Menschen beruhigend wirkende Tiere. Das haben auch Heidrun und Gunter Arnold erkannt. Auf ihrer Lama-Ranch in Pobershau halten sie eine kleine Lamaherde und bieten Wanderungen in Begleitung der Tiere an. Das wird für jeden Gast ein unvergessliches Erlebnis. Allerdings bitten die Arnolds um rechtzeitige Buchung, bei der auch gleich die Wanderstrecke und der zeitliche Rahmen unter Berücksichtigung der Kondition der Gäste abgestimmt werden.

Jede Wanderung beginnt mit einer kurzen Einführung, bei der die Gäste Interessantes über die Tiere und die Wanderung mit ihnen erfahren. Wanderfreudige Kinder dürfen schon ab 4 Jahren gemeinsam mit ihren Eltern ein Lama an der Leine führen. Besonders beliebt bei den Gästen sind die 2-stündigen Schnuppertouren: der Rundweg durchs Schwarzwassertal, die Tour zum Katzenstein, die Abendtour zur Morgensternhöhle. Wer mehr sehen und erleben will, entscheidet sich für eine Tageswanderung mit Zwischenstopp für einen Überraschungsimbiss. Eine dieser etwas anspruchsvolleren Wanderungen führt am Grünen Graben entlang durchs Schwarzwassertal. Eine andere hat Zöblitz zum Ziel. Wer möchte, kann dort das Serpentinsteinmuseum besuchen. Über die Burgruine Niederlauterstein geht es danach zurück zur Ranch.

Gäste, die ihren Urlaub in dieser märchenhaft anmutenden Landschaft verbringen möchten, müssen nicht lange nach einer Unterkunft suchen. Die Familie Arnold betreibt neben der Lama-Ranch ein Feriendorf mit dänischen Holzferienhäusern. Der dazugehörige Saloon zum Grizzly ist die erste Dutch-Oven-Gaststätte Deutschlands. Das leckere Cowboyessen aus dem Dutch Oven sorgt für urige Abende in geselliger Runde. Und am nächsten Tag geht es auf zu neuen Erkundungen im Naturschutzgebiet Schwarzwassertal, einem der schönsten Täler im Erzgebirge.

- Feriendorf Schwarzwassertal, Amtsseite Hinterer Grund 17 a, 09496 Marienberg, Tel. (0 37 35) 2 35 86, www.feriendorf-schwarzwassertal.de
- ÖPNV: Bus C, E, Haltestelle Pobershau Ahner (ca. 1,5 Kilometer Fußweg)

Vom Sträfling zum Kultautor

24

Im Karl-May-Haus in Hohenstein-Ernstthal

Wer kennt ihn nicht, den „Vater“ von Winnetou und Old Shatterhand? Seine ruhmvolle Zeit ist längst vorbei. Dennoch werden die Abenteuerromane von Karl May (1842–1912), die er seiner unerschöpflichen Fantasie verdankt, noch immer gern gelesen. Möglicherweise erklärt sich das auch aus einem gewissen Nachholbedarf, denn im Osten Deutschlands waren Karl Mays Bücher lange Zeit unerwünscht und wurden aus den Bibliotheken genommen. Sie galten als moralisch bedenklich – nicht wegen ihres Inhalts, sondern wegen des Autors. Der hatte mit Unterbrechungen fast 8 Jahre im Gefängnis verbracht. Karl May nutzte diese Zeit so kreativ wie möglich. In Gedanken reiste er in ferne Länder und dachte sich abenteuerliche Geschichten aus. Insbesondere seine Indianerbücher bescherten ihm schließlich Weltruhm.

TIPP

Nicht weit entfernt liegt das waldreiche Erholungsgebiet Stausee Oberwald.

In der Regel besuchen Karl-May-Fans das gleichnamige Museum in Radebeul, seinem letzten Wohnort. Hier steht weniger seine Person, sondern vor allem das Leben der Prärieindianer Nordamerikas im musealen Mittelpunkt.

Seit 1985 wird in Hohenstein-Ernstthal, der Geburtsstadt Karl Mays, mit einem Museum an den Dichter erinnert. Zur Freude aller Karl-May-Jünger wurde im Juni 2022 das neue Funktionsgebäude, das Karl-May-Haus, eröffnet. Es versteht sich gleichermaßen als Literaturmuseum und Forschungsstätte und bindet Karl Mays Geburtshaus in das museale Erlebnis ein. Die ständige Ausstellung vermittelt ein realistisches Bild vom Leben und Wirken Karl Mays, räumt mit Mythen auf und widerlegt Vorurteile. Das Phänomen dieses literarischen Popstars, dessen Werk auch heute noch kontrovers diskutiert wird, und seine Anerkennung über Generationen hinweg werden multimedial verständlich erläutert. Denn Winnetou und Old Shatterhand stehen für Werte wie Friedfertigkeit, Völkerverständigung und Gerechtigkeit. Ein guter Grund, die Erinnerung an Karl May aufrechtzuerhalten, der einmal sagte: „Wie man den Krieg führt, das weiß jedermann; wie man den Frieden führt, das weiß kein Mensch.“

- Karl-May-Haus, Karl-May-Straße 54, 09337 Hohenstein-Ernstthal, Tel. (0 37 23) 4 21 59, www.karl-may-haus.de
- ÖPNV: Bus 1, 41, 125, 256, Haltestelle Karl-May-Straße

ERÄMAAN
HENKI

Ein Hoch auf die Knolle!

25 Das Kartoffelhaus in Freiberg

Weltweit gibt es etwa 5500 Kartoffelsorten! Doch was nützt die größte und schönste Knolle, wenn der Mensch es nicht versteht, sie schmackhaft zuzubereiten? Im Kartoffelhaus in Freiberg kennt man diese Sorge nicht. Hier dreht sich alles um die kraftspendende Wunderknolle. Und das nicht nur, weil sie auch von sächsischen Tellern nicht mehr wegzudenken ist. Längst besitzt das einstige Armeleuteessen den Ruf einer deftigen und zugleich abwechslungsreichen Köstlichkeit. Egal ob als Suppe, Salat oder Strudel zubereitet oder pur mit Fleisch und Gemüse serviert, im Freiberger Kartoffelhaus erfährt der bescheidene Erdapfel seine Verwandlung zum Hochgenuss. Jede Kartoffel wird per Hand geschält, jedes Kartoffelgericht mit Liebe zubereitet. Das versichert das Küchenteam des beliebten Gasthauses und stellt auf der Speisekarte 70 leckere, preiswerte Gerichte zur Auswahl. Ein wahres Glück für jeden, der Kartoffeln mag.

Doch auch historisch interessierte Gäste sind hier goldrichtig. Das ehemalige Berghaus am Schüppchenberg stammt aus dem Jahr 1535 und steht an geschichtsträchtiger Stelle. Um das Jahr 1168 sollen Goslarer Fuhrleute, die auf der alten Salzstraße nach Böhmen unterwegs waren, hier das erste Silber im damals dicht bewaldeten Erzgebirge gefunden haben. Daraufhin gab der Meißnische Markgraf Otto die Länderreihen zum Erzabbau frei. Eine kluge Entscheidung! Vor allem Siedler aus Niedersachsen kamen und schürften nach dem begehrten Erz im „freien Berg". Der Silberbergbau florierte und rasch wurde aus dem weitsichtigen Markgrafen Otto „Otto der Reiche". Mit diesem stolzen Beinamen ist er auch am Dresdner Fürstenzug verewigt. Zu Recht, denn der Silberbergbau im Erzgebirge begründete die glanzvollen Zeiten der Wettiner und ihrer Dresdner Residenz.

Es gibt also viele gute Gründe, im Freiberger Kartoffelhaus einzukehren und den Gaumen mit einem zünftigen Kartoffelgericht zu verwöhnen.

- Kartoffelhaus Am Schüppchenberg, Berggasse 7, 09599 Freiberg, Tel. (0 37 31) 35 56 00, www.kartoffelhaus-freiberg.de
- ÖPNV: Bus C, 745, Haltestelle Donatsring/Meißner Tor

KARTOFFELHAUS
7

Zur Attraktion geschrumpft

26 Die Schauanlage Heimatecke Waschleithe

Diese zauberhafte Miniaturwelt lässt die Herzen höherschlagen. Einheimische, denen die Gebäude vertraut sind, schmunzeln über deren Verkleinerung. Und Touristen werden angeregt, die eine oder andere hier gezeigte Sehenswürdigkeit im Original zu besuchen. Begonnen hat alles im Jahr 1960 mit dem Bau eines Wasserrads an einem Abzweig des Seifenbaches. Dort war ein beliebter Treffpunkt. Also gründete man einen Verein und beseitigte die damals vorhandene unansehnliche Geröllhalde. Geschickte Vereinsmitglieder bauten Modelle und allmählich entstand die heute gut besuchte Schauanlage Heimatecke.

Für den Spaziergang durch die circa 3000 Quadratmeter große Anlage sollte man sich Zeit nehmen. Jedes der mehr als 80 Modelle im Maßstab 1:40 ist es wert, in Ruhe betrachtet zu werden. Hinzu kommen die unzähligen bunt bemalten Figuren. Sie zeigen Arbeit und Alltag der Menschen im Erzgebirge: fleißige Bäuerinnen bei der Feldarbeit, Bergmänner im Schacht, rastende Wanderer auf einer Bank am Waldesrand, Hausfrauen, die Wäsche aufhängen, Holzfäller bei der Arbeit und Urlauber, die sich an der Talsperre Pöhl tummeln. Natürlich darf der Volksheld Karl Stülpner vor seiner Höhle ebenso wenig fehlen wie die wichtigsten Schlösser, Burgen und Kirchen. Doch es gibt nicht nur viel zu sehen. Bekannte Geräusche begleiten die Gäste, während sie die Anlage durchstreifen: Eine schnaufende Dampflock mit Personenwagen fährt durchs Land, in einer Schmiede wird eifrig gehämmert, Wasser plätschert über das Wasserrad der Lohmühle in Lauter.

Die gesamte Anlage ist eine künstlich erschaffene Welt, die dennoch nicht der Fantasie entspringt. Alles ist so, wie es einmal war und zum Teil noch heute ist. Zudem erinnert und bewahrt die Heimatecke vieles, denn einige Gebäude gibt es in der Realität schon nicht mehr, zum Beispiel das Zisterzienserkloster Grünhain. Die Freude am Entdecken und Wiedererkennen ist der eigentliche Spaß beim Besuch der Schauanlage Heimatecke Waschleithe. Ein Besuch, der glücklich macht.

● Schauanlage Heimatecke Waschleithe, Talstraße 22,
08344 Grünhain-Beierfeld (OT Waschleithe)
www.heimatecke-waschleithe.de

Über Sachsens Dächern

27 Das Fichtelberghaus in Oberwiesenthal

Der guten Aussicht wegen errichteten Zimmerleute im Jahr 1845 ein 8 Meter hohes, turmähnliches Gebäude in Oberwiesenthal. Wahrscheinlich hätten sie sich nicht träumen lassen, dass daraus einmal eines der bekanntesten Ausflugsziele im Erzgebirge werden würde. Der wachsende Zuspruch veranlasste den Erzgebirgsverein Wiesenthal im Jahr 1888, den Bau eines Berghauses anzuregen, bestehend aus einer Gaststätte und einem Aussichtsturm. Später kamen auch Übernachtungsmöglichkeiten hinzu. Das Fichtelberghaus machte über die Region hinaus von sich reden. Doch im Februar 1963 brannte es bis auf die Grundmauern nieder. Der Neubau in den 1960er-Jahren hatte herzlich wenig mit dem alten Fichtelberghaus zu tun. Doch das sollte sich ändern. Der Neubau präsentiert sich seit 1999 wieder im Stil des Hauses von 1910.

TIPP

Highlight im Winter ist die 750 Meter lange Flutlichtpiste am Hauptskihang.

Bis zum Fichtelbergplateau sind es stolze 1215 Meter. Deshalb wird der Fichtelberg auch das „Dach Sachsens" genannt. Jährlich strömen unzählige Besucher hinauf und genießen die fantastische Aussicht. Doch wie gelangt man zum Gipfel und dem traditionsreichen Fichtelberghaus?

Wer körperlich fit ist, wählt einen der Wanderwege. Mutige nehmen die Hochgeschwindigkeitssesselbahn. Wer den Fichtelberg möglichst bequem und zeitsparend erreichen will, entscheidet sich gern für die Schwebebahn. Seit 1924 bewältigt sie zwischen Tal- und Bergstation einen Höhenunterschied von 303 Metern. Sie ist die älteste Seilschwebebahn Deutschlands und zugleich das Wahrzeichen von Oberwiesenthal. Die beiden im Pendelverkehr fahrenden Gondeln bieten jeweils bis zu 45 Personen Platz und fahren bis zu 90-mal am Tag. Während der Fahrt eröffnet sich das Panorama von Oberwiesenthal. Auch die beiden Skisprungschanzen sind zu sehen. Bei klarem Wetter reicht die Sicht über das Erzgebirge bis zu 200 Kilometer weit. Die 4-minütige Fahrt ist so richtig zum Genießen. Eine Fahrt, auf der man Eindrücke sammelt, die man gewiss nie vergisst.

- Fichtelberghaus, Fichtelbergstraße 8, 09484 Oberwiesenthal
www.hotel-fichtelberghaus.de
- ÖPNV: Bus A, Haltestelle Fichtelberg-Plateau; Schwebebahn von Oberwiesenthal zum Gipfel

Ein Guide mit Glockenfimmel

28

Schlesingers Glockensammlung in Schwarzenberg

Ein Türmer, der gleichzeitig Gästeführer ist? Wer da neugierig wird, sollte in Schwarzenberg einen Termin für Gerd Schlesingers einzigartige Glockenführung buchen. Was er zu zeigen und zu berichten hat, geht über eine klassische Stadtführung weit hinaus.

Aus Liebe zu allem, was läutet, hat Gerd Schlesinger in vielen Jahren einen wahren Schatz zusammengetragen. Mittlerweile umfasst seine klingende Sammlung über 300 Glocken und Glöckchen. Der Hauptteil befindet sich mit 265 Glocken in Gerd Schlesingers historischem Wohnhaus und im angrenzenden Hof. Bei seinen Glockenführungen kommt man aus dem Staunen nicht heraus. All die kleinen und großen Glocken zu betrachten und ihrem Klang zu lauschen, sorgt nicht nur bei musikalischen Menschen für Glücksgefühle. Jede Glocke hat ihre eigene Geschichte, über die Gerd Schlesinger in seiner Führung lebhaft zu berichten weiß. Doch wie kam er zu dieser Leidenschaft, die seinen Berufsweg begründete?

Von Kind an liebte er Glocken und sammelte sie seit seinem 4. Lebensjahr. Mit 10 Jahren baute er aus Blumentöpfen und den Holzklöppeln vom Klöppelsack seiner Mutter ein Glockenspiel. Das hing an den Zähnen einer ausgedienten Egge und klang recht passabel. In seiner Kirche wurde der glockenbegeisterte Junge frühzeitig Läutejunge. Mit 14 Jahren erhielt er seinen ersten Turmschlüssel. Als Erwachsener besuchte Gerd Schlesinger mehrere Küster- und Glockenseminare und ließ sich an den Hochschulen in Heidelberg und Regensburg bis zum Glockensachverständigen ausbilden. Auf dem Turm des Alten Rathauses von Schwarzenberg läutet der Türmer täglich die Stadtglocken und singt den Stundenruf über die Stadt. Für Gäste, die den Turm mit Gerd Schlesinger besteigen, endet der Besuch stets mit der Einkehr in die gemütliche Türmerstube. Beim Türmertrunk können dort auch die Utensilien des Türmers und das handgeschriebene Türmerbuch besichtigt werden.

TIPP

Entspannung und Genuss hält das Restaurant De gute Stub im Schwarzenberger Ratskeller bereit.

● Türmer der Stadt Schwarzenberg – G. Schlesinger, Obere Schloßstraße 9 a, 08340 Schwarzenberg, www.tuermer-schwarzenberg.de
● ÖPNV: Bus A, B, 334, 338, Haltestelle Ärztehaus

Schwarzenberger
Türmer

Sich Zeit nehmen

29 Im Deutschen Uhrenmuseum Glashütte

Sie ist ein echter Hingucker, die astronomische Kunstuhr von Hermann Goertz. Groß wie ein Schrank, sehr historisch und gespickt mit technischen Raffinessen, über die der Betrachter nur staunen kann. Die prächtige Uhr besteht aus 1756 Teilen, die aufs Beste miteinander harmonieren, und das seit fast 100 Jahren. Ihr Schöpfer, der aus dem ehemaligen Westpreußen stammende Uhrmacher Hermann Goertz, war schon Mitte fünfzig, als er nach Glashütte an die Deutsche Uhrmacherschule kam. Hier vollendete er seine astronomische Kunstuhr, an der er 33 Jahre lang gearbeitet hatte und die einmal Weltruf erlangen sollte. Neben der Uhrzeit und dem Datum mit den Tagen, Wochentagen, Monaten und Jahren zeigt sie auch den Auf- und Untergang der Sonne sowie die Mondphasen an. Zu besichtigen ist das Kunstwerk im Foyer des Deutschen Uhrenmuseums Glashütte, das sich im Gebäude der ehemaligen Deutschen Uhrmacherschule Glashütte befindet.

Doch was macht den Besuch des Museums zu etwas ganz Besonderem? Zum einen der markante Gong des Schlagwerks. Zum anderen ist es immer wieder ein spannender Moment, wenn der Uhrmachermeister des Hauses die Glastür der astronomischen Kunstuhr öffnet und mit einer Kurbel das Schlag- und das Gehwerk aufzieht. Das geschieht in der Regel an jedem ersten Donnerstag im Monat öffentlich. Nach diesem Erlebnis tauchen die Museumsbesucher unter dem Motto „Faszination Zeit – Zeit erleben“ in die Welt der mechanischen Uhren ein. Dafür stehen ihnen mehr als 500 Exponate auf einer Ausstellungsfläche von 1000 Quadratmetern zur Verfügung. Gegliedert ist die ständige Ausstellung in Historienräume, Zeiträume und die Schauwerkstatt. Einer dieser Zeiträume nennt sich „Präzision der Einzelteile“ und präsentiert ein überdimensionales interaktives Uhrenmodell. Als moderne Zeitwelt spricht das Museum nicht nur Uhrensammler und -liebhaber an, sondern begeistert auch Menschen, die mehr über die Geheimnisse der Zeitmessung erfahren möchten.

TIPP

Zur anschließenden Stärkung empfiehlt sich das Restaurant & Café SMAC's gleich nebenan.

● Deutsches Uhrenmuseum Glashütte, Schillerstraße 3 a, 01768 Glashütte, Tel. (03 50 53) 4 61 21 02
www.uhrenmuseum-glashuette.com
● ÖPNV: RB 72, diverse Busse, Haltestelle Glashütte Bahnhof

NASHVILLE
TENNESSEE
9 Schaltrad-Blockierung
RÜCKZÄHLER
PanoRetroGraph
FLY - BACK
stellung
4 Panorama-Datum
5 Korrektur Datum

Wo Bienen summen

30 Kräuterwanderungen in Sayda

Wiesen, auf denen wachsen darf, was gern dort wächst, sind nicht nur für Bienen ein Labsal. Auch der Mensch schöpft in der unverfälschten Natur Kraft und neue Lebensenergie. In das saftige Grün der Wiesen mischen sich vielfältige Blüten, Gräser, Kräuter und Heilpflanzen: Schätze, die Wanderern oftmals ein Buch mit sieben Siegeln sind. Um diese Wissenslücken zu schließen, erfreuen sich Kräuterwanderungen im Erzgebirge wachsender Beliebtheit.

In Sayda bietet der Altsächsische Gasthof Kleines Vorwerk mehrere Kräuterwanderungen über die nahe gelegenen Biotopwiesen an. Auf den Erlebnistouren mit einer Kräuterexpertin durchstreifen die Gäste die nähere Umgebung des Kleinen Vorwerks und erfahren dabei viel über die heilende Kraft von Kräutern und anderen Gewächsen im Erzgebirge. Bärwurz, Wiesenknöterich, Blutwurz oder Kratzdistel sind nur einige von vielen Gewächsen, die entdeckt und erklärt werden wollen. Jede Tour führt zurück zum Gasthof.

Gleich auf der Terrasse wird das frische Vorwerksbrot probiert. Und zwar dick mit Butter bestrichen und in die frisch gesammelten Kräuter *geditscht.* Lecker schmeckt auch ein Butterbrot mit Honig aus der vorwerkseigenen Imkerei, die besichtigt werden kann. Das Besondere dabei: Vor einigen Jahren wurde hier die Urbiene des Erzgebirges, die Dunkle Biene, wieder angesiedelt. Apropos Genuss: Im Gasthof stehen ebenfalls Fleisch und Wurst aus eigener Herstellung auf der Speisekarte. Alles wird nach der Slow-Food-Bewegung regional, saisonal und frisch auf den Tisch gebracht. Nebenbei erfährt der Gast, dass der Altsächsische Gasthof Kleines Vorwerk der erste Vier-Sterne-Gasthof Sachsens ist. Und wer in der naturreichen Gegend um Sayda einen Aktivurlaub verbringen möchte, hat bei der Übernachtung im Vorwerk die Qual der Wahl. Das Angebot reicht vom Wanderquartier im Naturfreundehaus über Zimmer und Appartements im Gasthof bis zur Komfortsuite im Vollholzhaus Ausspanne. Erholung pur!

- Altsächsischer Gasthof Kleines Vorwerk, Mühlholzweg 12, 09619 Sayda, Tel. (03 73 65) 9 99 10, www.kleines-vorwerk.de
- ÖPNV: Bus 737, Haltestelle Neubau

Hoch auf dem Berg

31 Der Geisingberg mit Luisenturm

Mit seinen 824 Metern über Normalnull ist er nicht eben ein Riese. Dennoch überragt der weithin sichtbare Geisingberg die Stadt Altenberg. Von seiner Spitze aus erkennt man sogar die Altenberger Pinge. Bei klarem Wetter reicht der Blick bis in die Sächsische und die Böhmische Schweiz, oft auch bis zum Riesengebirge. Diese Aussicht sollte man sich nicht entgehen lassen. Zahlreiche Wege führen hinauf zur Spitze des Geisingbergs. An jedem dieser Wege entdecken botanisch Interessierte eine Vielzahl besonderer Schätze. Weil diese geschützt sind, sollten hübsch anzusehende Himmelschlüssel und Maiglöckchen im Frühling ebenso stehen bleiben wie in den Sommermonaten Arnika, Akelei und der rote Fingerhut, zumal die meisten dieser kleinen Schönheiten giftig sind.

TIPP
An warmen Tagen sorgt das Naturbad Hüttenteich für Spiel- und Badefreuden.

Wer den Berg zu Fuß erklommen und noch genügend Puste hat, kann den Blick von der Aussichtsplattform des 18 Meter hohen Luisenturms genießen, trotz seiner 88 Stufen zählenden Wendeltreppe. Der stolze Name wurde dem Turm zur Einweihung am 27. September 1891 verliehen, zu Ehren der sächsischen Kronprinzessin Erzherzogin Luise von Österreich-Toskana. Sie verließ ihren Gatten, noch ehe er Sachsens König geworden war.

Luise hatte sich unsterblich in den Lehrer ihrer Kinder verliebt und war mit ihm durchgebrannt. Ob der Namenswechsel zum Geisingbergturm etwas mit Luises skandalösem Verhalten zu tun hatte, sei dahingestellt. Jedenfalls trotzt der Turm seit gut 130 Jahren tapfer Wind und Wetter und wird es, umringt von einem herrlichen Naturschutzgebiet, gewiss noch weitere 100 Jahre tun.

Nach dem Aufstieg zum Geisingberg liegt es nahe, den künstlich angelegten Tiefenbach-Wasserfall in die Wandertour einzubinden. Er befindet sich oberhalb der Stadt Geising an der Straße nach Altenberg. Nur durch ein kurzes, flacheres Stück getrennt, stürzt das Wasser – sofern vorhanden – in zwei Stufen gut 40 Meter in die Tiefe. Der obere Teil ist von einer Aussichtsplattform aus zu sehen, die man auf einem reizvollen Wanderweg erreicht.

- Geisingberg, 01778 Geising
- ÖPNV: RB 72, Bus 360, 367, 370, Haltestelle Altenberg Bahnhof (ca. 1,5 Kilometer Fußweg)

Die Krone des Erzgebirges

32 Das Schloss Augustusburg

Schon von Weitem leuchtet das Schloss Augustusburg wie ein weißer Kiesel in grüner Natur. Ihm zu Füßen liegt die Kleinstadt Augustusburg. Stolz thront ihr Schloss in 516 Metern über Normalnull auf dem alles überragenden Schellenberg. Kurfürst August (1526–1586) ließ es Mitte des 16. Jahrhunderts als Jagd- und Lustschloss im Renaissancestil errichten. Es zählt zu den monumentalsten Schlössern dieses Baustils in Mitteleuropa.

Mittlerweile sind hochkarätige Museen in die historischen Gemäuer eingezogen: Das Motorradmuseum, das zu den umfangreichsten Zweiradsammlungen Europas zählt, zeigt 175 Exponate auf einer Ausstellungsfläche von 1200 Quadratmetern. Im Schlossmuseum demonstrieren Waffen, historische Möbel und höfische Bekleidung das Leben in einem kurfürstlichen Renaissanceschloss. Auch das Jagdtier- und Vogelkundemuseum, das Brunnenhaus und der Schlosskerker wollen entdeckt werden. Zu den Höhepunkten eines Schlossbesuchs zählt die Besichtigung des Venussaals und des Hasensaals. Beide Säle besitzen Wandmalereien aus dem 16. Jahrhundert, die im deutschsprachigen Raum einzigartig sind. Kurfürst August von Sachsen hatte sie beim Hofmaler Heinrich Göding in Auftrag gegeben. Die Malereien im Venussaal, die den gesamten Raum einnehmen, beziehen sich auf die Tannhäusersage. Der Hasensaal zeigt eine „verkehrte Welt". Hasen übernehmen hier verschiedene menschliche Handlungen und Funktionen. Ein ähnlich wertvoller Schatz schmückt den Altar der Schlosskirche, der größten protestantischen Schlosskirche Sachsens. Das Gemälde von Lucas Cranach dem Jüngeren ist das einzige erhaltene Bildnis, das die gesamte kurfürstliche Familie zeigt. Diejenigen Kinder, die eine Kette mit einem Kreuz um den Hals tragen, waren, als das Bild entstand, bereits gestorben.

Geht ein erlebnisreicher Tag zu Ende, verdeutlicht ein letzter Blick aus der Ferne, dass Schloss Augustusburg zu Recht als die Krone des Erzgebirges bezeichnet wird.

- Schloss Augustusburg, Schloss 1, 09573 Augustusburg
  www.die-sehenswerten-drei.de
- ÖPNV: Bus 703, 704, 705, Haltestelle Zum Schlossberg; Drahtseilbahn von Erdmannsdorf Talstation bis Augustusburg Bergstation

Zum Leben erweckt

33 Das Osterzgebirgische Puppentheaterfest

Manche Glücksorte erwachen nur selten zum Leben. Feste und Festivals zum Beispiel. Doch dann werden sie zu regionalen Höhepunkten, die den Besuch zu einem Erlebnis werden lassen. Das im Herbst 2005 erstmals ausgetragene Osterzgebirgische Puppentheaterfest steht auf der Skala der Beliebtheit derartiger Feste ganz oben. An 3 Tagen im Oktober findet es an bis zu zehn Spielorten in und um Bärenfels statt. Für Freunde des Puppentheaters ein guter Grund, einen Kurzurlaub einzuplanen.

Das Besondere dieses Festes ist seine Vielfalt, mit der es alle Altersgruppen gleichermaßen anspricht. Von der Handpuppe über asiatische Stabpuppen bis hin zur Marionette, die vom Spieler ein Höchstmaß an Konzentration erfordert. Das Fest ist eng verbunden mit dem im Jahr 1911 geborenen Dresdner Puppenspieler Paul Hölzig. Schon früh entdeckte er seine Leidenschaft und sein Talent für das Puppenspiel. Mit 22 Jahren gründete er eine eigene Bühne, die Dresdner Puppenspiele. In der Dresdner Bombennacht im Februar 1945 verlor er alles, ging nach Bärenfels und wagte unter dem Namen „Bärenfelser Puppenspiele“ einen Neuanfang. Damit und mit seiner unverwechselbaren Handpuppe, dem Kasper, wurde er über die Region hinaus bekannt. Er starb im Jahr 1989. Seine Spielstätte, das heutige Naturhotel Gasthof Bärenfels, erinnert mit einer in Wandvitrinen gezeigten Auswahl originaler Spielpuppen an Paul Hölzig. Jan Kempe, der Betreiber des Naturhotels, und die Dresdner Puppenspielerfamilie Hellwig sind die Initiatoren des jährlichen Puppentheaterfestes, das sich wachsenden Zuspruchs erfreut. Mehr als 1400 Gäste begeistern sich jedes Jahr für das Repertoire aus circa 20 verschiedenen Aufführungen.

Gefördert durch die Kulturstiftung des Landes Sachsen und den Veranstalter, den Verein KulturGeschichte Bärenfels e. V., trägt das Fest dazu bei, das Puppenspiel als Bestandteil kulturellen Lebens im Erzgebirge wachzuhalten.

● Osterzgebirgisches Puppentheaterfest, Böhmische Straße 4, 01773 Altenberg (OT Bärenfels), www.puppentheaterfest.de
● ÖPNV: Bus 360, 367, Haltestelle Bärenfels Mühle

"Der fröhliche Sünder"
hölzigs Spielpuppen bei der Uraufführung
des Staad. Puppentheater

Duftende Verführung

34 Die Holzofen-Schaubäckerei Werner in Mülsen

Düfte besitzen magische Kräfte. Bäckereidüfte insbesondere. Steht man vor einer Bäckerei und der Geruch von frisch gebackenem Brot, von Blechkuchen und Buttergebäck umschleicht die Nase, kann man der Verlockung nur schwer widerstehen: Nichts wie hinein zu all den Herrlichkeiten, die den köstlichen Duft verströmen!

Die Bäckerei Werner in Ortmannsdorf, einem Ortsteil von Mülsen, ist solch ein verführerischer Ort. Und das schon seit dem Jahr 1934. Im Laufe der Zeit erfuhr sie mehrere Umbauten und Erweiterungen, doch ihre Innenausstattung mit den zahlreichen historischen Werkzeugen und Gerätschaften zeugt davon, wie es damals begann.

Im Jahr 2011 wurde der 3 Meter tiefe und 2 Meter breite, aus Naturstein geziegelte altdeutsche Holzbackofen auf einer offen einsehbaren Erhöhung hinter der Verkaufsfläche eingebaut. Er ist innen mit Tuffstein ausgekleidet und wird mit Fichtenholz befeuert. Zwei Seitenfeuer sorgen im Ofen für eine gleichmäßige Wärmeverteilung. Optimale Bedingungen für köstliche Brote. Die Kundschaft kann zuschauen, wie sie roh auf einem langen flachen Holzschieber in den Ofen geschoben und knusprig gebacken wieder herausgeholt werden. Und noch etwas befeuert die Kauflust: Es ist die Gewissheit, dass die Bäckerei Werner ihre Brote, Brötchen und alles Kleingebäck in Handarbeit herstellt. Sie backt nach eigenen, unverfälschten traditionellen Rezepten und verwendet ausnahmslos Markenbutter. Das riecht man, das schmeckt man und das hält die Backwaren länger frisch. Zudem darf der Teig hier in Ruhe reifen, damit er beim Backen sein volles Aroma entfaltet. Zeit ist Geld! Doch der zusätzliche Zeitaufwand zahlt sich in der Qualität der Produkte aus. Wer genug geschaut hat, kann sich für ein Weilchen im hauseigenen Café niederlassen. Die große Glasfront gibt den Blick frei auf den munter dahinplätschernden Mülsenbach. Bei einer Tasse Kaffee und einem Stück sächsischen Quarkkuchen lässt sich in aller Ruhe diese kleine Verwöhnpause genießen.

TIPP

Besonders lecker ist hier das traditionsreiche Keksgebäck Kalter Hund.

● Holzofen-Schaubäckerei Werner, Ortmannsdorfer Straße 58, 08132 Mülsen (OT Ortmannsdorf), Tel. (03 76 01) 27 49
www.holzofen-schaubaeckerei.de

● ÖPNV: Bus 138, Haltestelle Ortmannsdorf Schmutzlerbrücke

In luftiger Höhe

35 Der König-Albert-Turm am Spiegelwald

Hinaus in die Natur! Wer das zum Motto seines nächsten Urlaubs machen möchte, sollte sich eine Unterkunft in der Spiegelwaldregion im Westerzgebirge suchen. Sanfter, umweltfreundlicher Tourismus lässt den Landurlaub hier zum nachhaltigen und erholsamen Naturerlebnis werden.

Ein gern gewähltes Wanderziel ist der weithin sichtbare König-Albert-Turm. Zahlreiche Wege führen hinauf auf den 728 Meter hohen Hausberg, den man den Spiegelwald nennt. Nicht recht nachvollziehbar soll der Name vom Wort „spähen" abgeleitet sein, da der Höhenzug in früheren Zeiten von militärischer Bedeutung war.

Wer die Aussichtsplattform des Turms in 31,5 Metern Höhe erreicht hat, wird mit beeindruckenden Blicken über große Teile des Erzgebirges und Sachsens belohnt. Bei klarer Sicht erkennt man sogar das Völkerschlachtdenkmal in Leipzig. Der ursprünglich 17 Meter hohe Turm war erstmals im September 1881 zu Ehren von König Albert von Sachsen eingeweiht und nach ihm benannt worden. Mehrfach verändert, stillgelegt und im Jahr 1967 schließlich abgebrochen, wurde nach der Wende ein neuer, moderner Turm errichtet und im Dezember 1999 eingeweiht. Modern heißt in diesem Fall auch, dass Gäste, die sich mit einem Rollstuhl fortbewegen, die Aussichtsplattform bequem im Aufzug erreichen können. Damit ist der König-Albert-Turm der einzige barrierefreie Aussichtsturm im Erzgebirge.

Neben dem Turm lädt die Spiegelwaldbaude mit Biergarten und Sonnenterrasse zum Rasten ein. Und wer nach der verdienten Stärkung noch mehr über Land und Leute erfahren möchte, wird in der Multimedialen Kulturlandschaft in der ersten Etage des Turms sicher fündig werden. Dank begehbarer Bodenkarte und via Audioguide kann der interessierte Gast Sehenswürdigkeiten und Ausflugsziele vom Erzgebirge bis ins Böhmische Mittelgebirge entdecken. Und dabei vielleicht schon die nächste Wandertour planen.

- König-Albert-Turm am Spiegelwald, Alte Bernsbacher Straße 1, 08344 Grünhain-Beierfeld (OT Grünhain), www.spiegelwald.de
- ÖPNV: Bus 342, 343, 375, Haltestelle Grünhain Wendeschleife

„König-Albert-Turm“
Während eines
Erzgebirgsbesuchs legte
König Albert von Sachsen
im Jahre 1880 den
Grundstein
einen
Der 17
Turm
wiederum
zu seinen
Namen
König-Albert-Turm“

Weihnachtsfreude überall

36 Das Spielzeugdorf Seiffen

Obwohl in einem Talkessel gelegen, befindet sich der Kurort Seiffen mit seinen 650 Metern über Normalnull in luftiger Erzgebirgshöhe, was ihn für Wintersportler interessant macht. Doch weit über die Landesgrenzen hinaus bekannt geworden ist Seiffen vor allem als Spielzeugdorf. Mehr als 50 Geschäfte und 120 Hersteller zu beiden Seiten der leicht ansteigenden Hauptstraße wetteifern um die Gunst der Besucher. Wer etwas für die heimische Wohnstube mitnehmen will, dem fällt es schwer, sich zu entscheiden. Vor welchem Schaufenster soll er stehen bleiben, in welches Geschäft hineingehen, von wem etwas kaufen? Kein anderer Ort hat diese enorme Vielfalt zu bieten. Unzählige Nussknacker, Räuchermännel, Schwibbögen und Pyramiden jeder Größe lassen handwerkliche Traditionen lebendig werden. Ob farbig bemalt oder naturbelassen – sie alle verbreiten Freude und stimmen auf die Adventszeit ein. Aber wieso gerade in Seiffen?

Es begann mit dem Rückgang der Ausbeute im Zinnbergbau. Auf der Suche nach alternativen Erwerbsquellen besannen sich die Bergleute auf das Drechseln. Mit diesem Handwerk hatten sich im 17. Jahrhundert böhmische Exulanten hier sesshaft gemacht. Wie sie stellten nun auch die Bergleute gedrechselte Gebrauchsgegenstände her. Erst im 19. Jahrhundert fertigten sie aufgrund wachsender Nachfrage Miniaturspielzeug und weihnachtliche Figuren, die Verleger weltweit verkauften. Seiffen wurde zur Hochburg der erzgebirgischen Spielzeugindustrie.

Besonders romantisch ist Seiffen natürlich im Winter. Schnee glitzert auf den Dächern, die Schaufenster sind hell erleuchtet. In den Läden ist es mollig warm und es duftet nach Holz und Räucherkerzen. Am Samstag vor dem zweiten Advent geht der Lichterzug durch Seiffen. Er soll die alten Bergarbeiterwege wieder erleuchten und somit an die Lebensleistung der Bergleute erinnern. Der Lichterzug führt auch vorbei an der zu Berühmtheit gelangten Seiffener Bergkirche. Millionenfach wurde sie bereits in Miniatur nachgebaut.

- Spielzeugdorf Seiffen, Hauptstraße 73, 09548 Seiffen
- ÖPNV: Bus 453, Haltestelle Spielzeugmuseum; Bus 455, 737, Haltestelle Seiffen Mitte

Mit Volldampf bergan!

37 Die Fichtelbergbahn

Die Heizer müssen kräftig Kohle nachschütten, damit der Zug die 17,35 Kilometer lange Strecke mit ihren neun Stationen schafft. Das klingt zunächst nicht viel, bedenkt man jedoch den Höhenunterschied von 238 Metern, sieht die Sache schon anders aus. Und wer gern eine romantische Auszeit mit einem spektakulären Panorama verbindet, steige in die Fichtelbergbahn und lasse sich überraschen.

Los geht's am Bahnhof Cranzahl. Hier steht die Kleinbahn mit der Spurweite 750 Millimeter bereit. Zielpunkt ist Oberwiesenthal. Der Kurort ist die am höchsten gelegene Stadt Deutschlands. 1 Stunde benötigt der Zug für diese Strecke. 1 Stunde, in der es den Fahrgästen nie langweilig wird. Dafür sorgen auch die sechs Brücken. Besonders eindrucksvoll ist das Hüttenbachviadukt, eine 110 Meter lange Stahlgitterbrücke in 23 Metern Höhe. Von allen Brücken aus genießen die Fahrgäste herrliche Blicke in die Landschaft am Fichtelberg. Oft fährt der Zug mitten durch den Wald. Spätestens ab Bahnhof Neudorf geht es mit durchschnittlich 25 Kilometern pro Stunde stetig bergauf. Wer möchte, legt Zwischenstopps ein und wandert zu den Ausflugszielen, die unweit der Bahnstrecke auf Gäste warten. Zur Auswahl stehen: ein Räuchermannmuseum, ein Mini-Erlebnisland mit Tiergehege am Startpunkt in Cranzahl, das Suppenmuseum Neudorf, eine Alpakafarm, das Meeresaquarium am Fichtelberg, die Monsterroller-Station, zahlreiche Skilifte und Rodelhänge und auf der Bergspitze die Fichtelberg-Schwebebahn.

Erste Überlegungen zum Bau einer Eisenbahn nach Oberwiesenthal gab es bereits im Jahr 1870. Am 19. Juli 1897 war es so weit. Der Zugverkehr wurde eröffnet. Zunächst vorwiegend für den Güterverkehr genutzt, nahm die Zahl der Fahrgäste rasch zu. Im November 1952 kam die erste Neubaudampflok zum Einsatz. 10 Jahre später wurde der Güterverkehr eingestellt. Seitdem dient die Fichtelbergbahn ausschließlich der Personenförderung und zählt zu den beliebtesten Tourismuszielen in der Region.

- Fichtelbergbahn, Bahnhofstraße 7, 09484 Oberwiesenthal, Tel. (03 73 48) 15 10
www.fichtelbergbahn.de
- ÖPNV: Bus A, 411, 414, 429, 436, Haltestelle Am Bahnhof

Bahn frei!

38 Ski- und Rodelspaß am Erlebnisberg Altenberg

Wer von Altenberg im Erzgebirge hört, denkt wohl zuerst an den Eiskanal, die 1413 Meter lange Rennschlitten- und Bobbahn. Sie zählt weltweit zu den anspruchsvollsten Kunsteisbahnen. Doch Altenberg hat auch für weniger professionelle Wintersportler ein Herz. Allen voran der Erlebnisberg Altenberg. Er bietet Anfängern und Familien mit Kindern jeden Alters beste Bedingungen für Winterfreuden und einen aktiven Winterurlaub. Langläufer schwenken gern auf das 80 Kilometer lange Loipennetz ein. Für Abfahrten stehen neben den Skihängen in Altenberg auch jene der Nachbarorte Geising, Rehefeld und Schellerhau zur Verfügung, und das jeweils bis in die Abendstunden hinein.

Sechs Pisten und drei Lifte gibt es allein am Raupennesthang, darunter ein Schlepplift und ein Tellerlift. Die Pisten werden als leicht bis sehr leicht eingestuft und eignen sich deshalb auch für größere Kinder und für Anfänger. Der 120 Meter lange Rodelhang macht das Wintervergnügen komplett. Und wer ohne Skiausrüstung am Altenberger Erlebnisberg gelandet ist und sich spontan zu einer Abfahrt entschließt, bekommt in den Skiverleihen direkt an den Skiliften alles, was dafür notwendig ist.

TIPP

Direkt neben dem Erlebnisberg lädt die Rodelklause zur gemütlichen Einkehr ein.

Möchte man lieber abseits vom sportlichen Trubel die klare Winterluft und die Ruhe des tief verschneiten Waldes genießen, lässt sich an vielen winterlichen Oasen wunderbar neue Energie tanken. Für erholsame Wanderungen gibt es in und um Altenberg zahlreiche lohnende Ziele. Ganz vorn in der Gunst der Besucher steht der Kahleberg, die höchste Erhebung im Osterzgebirge. Die grandiose Aussicht in 905 Metern Höhe macht wohl jeden sprachlos. Doch nicht nur im Winter ist Altenberg ideal für sportliche Aktivitäten und naturverbundene Ferien. An heißen Tagen sorgen Naturbäder wie die Altenberger Galgenteiche für Abkühlung. Und auf der Sommerrodelbahn kommt der Rodelspaß auch bei schweißtreibenden Temperaturen nicht zu kurz.

- Erlebnisberg Altenberg, Dresdner Straße 17 a, 01773 Altenberg
- ÖPNV: RB 72, Bus 360, 367, 370, Haltestelle Altenberg Bahnhof

Silberne Klänge

39 Burgruine Frauenstein und Silbermann-Museum

Sie versprüht einen Hauch von schottischem Hochland, die Burgruine Frauenstein. Recht ungewöhnlich für das Osterzgebirge steht sie auf einem 680 Meter hohen Felsen aus Granitporphyr. Und das schon seit über 1000 Jahren. Gebaut zum Schutz der Handelsstraße und als Wohnsitz des Adelsgeschlechts von Schönberg.

Ein Spaziergang entlang der 1,50 Meter starken Ringmauer erweckt Bilder, die aus Filmen und Romanen über das Mittelalter vertraut sind. Nach dem Bau eines bequemeren Wohnschlosses durch die Familie von Schönberg im 15. Jahrhundert (heute in Privatbesitz) verfiel die Burg zusehends. Zwei verheerende Stadtbrände taten ihr Übriges. Mittlerweile ist aus der größten Burgruine Sachsens eine Touristenattraktion geworden. Auf geführten Touren kann man entlang der verwaisten Mauern wandeln und dabei manch schaurig-schöne Geschichte hören.

Doch der Besuch in Frauenstein lohnt noch aus einem anderen Grund. Hier wurde im Jahr 1683 im heutigen Ortsteil Kleinbobritzsch der berühmte Orgelbaumeister Gottfried Silbermann geboren. Nach seiner Ausbildung in der damaligen Orgelbaumetropole Straßburg kehrte er nach Sachsen zurück. Die erste von ihm gebaute Orgel schenkte er seiner Heimatstadt Frauenstein, Aufträge unter anderem in Freiberg und Dresden folgten. Silbermanns Ruhm wuchs, sein Geldbeutel blieb schmal. Da schrieb er seinem Dienstherrn, August dem Starken, andernorts wisse man seine Meisterschaft weit mehr zu schätzen. August verstand den Wink und ernannte Silbermann zum Sächsischen Hof- und Landorgelbauer. Auf historische Spurensuche kann man sich im neuen Domizil des Silbermann-Museums in der Stadt Frauenstein begeben. Neben modern gestalteten Ausstellungen zu Silbermanns Leben sowie zum Orgel- und Instrumentenbau überrascht das Museum seine Besucher mit einem über zwei Etagen reichenden Konzertsaal, den eine Orgel krönt. Ihr Vorbild war die Silbermannorgel in der Dorfkirche von Etzdorf, die einst auf schicksalsreichen Wegen über Wallroda bis in den Bremer Dom gelangt war.

- Burg Frauenstein, Am Schloß 2, 09623 Frauenstein
- Gottfried-Silbermann-Museum Frauenstein, Markt 4, 09623 Frauenstein
  www.silbermann-museum.de
- ÖPNV: Bus 373, 732, 739, 775, Haltestelle Markt

Aus dem Ring geschnitten

40 Beim Reifendreher im Freilichtmuseum Seiffen

Wer sich im Kurort Seiffen in den zahlreichen Geschäften der Spielzeughersteller umschaut, dem fallen neben Nussknackern, Räuchermänneln, Schwibbögen und Pyramiden gewiss auch die hübschen kleinen Holztiere auf. Gerade mal so groß sind sie, dass Kinderhände damit spielen können. Die Art und Weise ihrer Herstellung ist kurios und zugleich einmalig, denn nur in Seiffen gibt es seit etwa 220 Jahren das Reifendrehen. Es zählt zu den anspruchsvollsten und zugleich faszinierendsten Bearbeitungstechniken in der Holzkunst.

Im Freilichtmuseum, das zum Spielzeugmuseum Seiffen gehört, kann man einem Reifendreher bei der Arbeit zusehen. Auf einer speziell für das Reifendrehen entwickelten Holzdrehbank wird ein Profilreifen von circa 40 Zentimetern Durchmesser gedrechselt. Der Drechsler arbeitet in diesen Ring Rundungen, Einkerbungen und Rillen ein, die bereits die Konturen des Tieres erkennen lassen. Nun schneidet er – wie Stücke aus einem Baumkuchen – bis zu 60 Rohlinge aus dem Ring heraus. Anschließend wird das Tier im Detail fertiggeschnitzt und naturgetreu bemalt. Früher war die gesamte Familie an der Fertigstellung der Spielzeugtiere beteiligt.

Die täglichen Vorführungen des Reifendrehens finden in der original erhaltenen Drehstube des Freilichtmuseums statt. Die gesamte dörfliche Museumsanlage vermittelt anschaulich, wie erzgebirgische Familien Ende des 19. bis Anfang des 20. Jahrhunderts gelebt und gearbeitet haben. Neben Stellmacherei und Spankorbmacherei sind das Bergmannshaus, ein Kleinbauerngut mit Wohnstallhaus und, in einem Doppelwohnhaus, die Massedrücker-Werkstatt zu besichtigen. Man durchstreift eine längst vergangene Welt. Beeindruckend ist auch die original erhaltene Wasserkraftanlage aus dem Jahr 1760, eine technische Meisterleistung. Das 5,20 Meter große hölzerne Wasserrad ist auf einer Eichenwelle befestigt. Und weil das fürs Reifendrehen bestimmte Holz nicht trocken sein darf, schwimmen im Staudamm des Wasserkraftdrehwerkes stets einige Fichtenstämme.

- Erzgebirgisches Freilichtmuseum, Hauptstraße 203, 09548 Seiffen, Tel. (03 73 62) 1 70 19, www.spielzeugmuseum-seiffen.de
- ÖPNV: Bus 453, 737, Haltestelle Freilichtmuseum

Alte Technik neu erleben

41 Der Frohnauer Hammer

Wohl jedes Kind in Sachsen hat schon einmal vom Frohnauer Hammer gehört. Er zählt zu den bekanntesten Ausflugszielen im Erzgebirge. Anfang des 17. Jahrhunderts erfolgte der Umbau der ursprünglich mittelalterlichen Getreidemühle zum Silberhammer, später zum Eisenhammer, in dem Werkzeuge für den Bergbau und die Landwirtschaft geschmiedet wurden. Rasch entwickelte sich das Hammerwerk im Raum Annaberg zum unentbehrlichen Zulieferer für die Bergleute. Sie benötigten Fäustel, Schaufeln, Brechstangen und andere notwendige Arbeitsgeräte. Auch Kunstschmiedearbeiten entstanden. Der Frohnauer Hammer verrichtete seine Arbeit bis zum Jahr 1904. Seit 1907 ist er Sachsens erstes technisches Denkmal.

Besucher können die gesamte Anlage besichtigen. Oft wird gefragt, wo denn der Hochofen zum Schmelzen des Eisens stehe. Er fehlt tatsächlich. Im Gegensatz zu zahlreichen anderen Hammerwerken im Erzgebirge arbeitete der Frohnauer Hammer mit fertigem Roheisen. Der geführte Rundgang beginnt in der Schmiede. Es ist beeindruckend, den kleineren der drei Schwanzhämmer in Aktion zu sehen. Der größte von ihnen ging mit einem Gewicht von 300 Kilogramm zu Werke. Man mag sich nicht vorstellen, dass die Schmiede diesen Lärm früher 10 Stunden und mehr ertragen mussten.

Die Wellen der Hämmer werden von einem oberschlächtigen Wasserrad angetrieben. Hierbei fließt das Wasser durch eine Rinne und schlägt auf das hölzerne Zellenrad auf. Respekt einflößend ist auch der dampfbetriebene Freiformhammer, der auf dem Außengelände zu sehen ist. Dampfhämmer lösten Mitte des 19. Jahrhunderts die mit Wasserkraft betriebenen Hämmer ab. Im Obergeschoss des Gebäudes zeigt eine Ausstellung, was alles in der Schmiede hergestellt wurde. Die Ausstellung gegenüber demonstriert das Thema Bergbau und seine traditionellen Techniken. Den Abschluss des Rundgangs bildet das Herrenhaus. Hier geben die möblierten Wohnräume der Familie des letzten Hammermeisters Einblick in das Leben früherer Generationen.

● Frohnauer Hammer, Sehmatalstraße 3, 09456 Annaberg-Buchholz (OT Frohnau)
www.annaberg-buchholz.de/de/kultur/frohnauer-hammer.php
● ÖPNV: RB 80, Bus A, 417, 428, Haltestelle Unterer Bahnhof

Der Heiligen Anna zu Ehren

42 Die St. Annenkirche in Annaberg-Buchholz

Nicht nur religiösen Menschen bietet diese spätgotische Hallenkirche einen Ort der inneren Einkehr. Ihren Namen verdankt sie der Heiligen Anna, der Schutzpatronin der Bergleute. Auch der Name der Stadt Annaberg geht auf sie zurück. Die reichen Silberfunde in der Region zum Ende des 15. Jahrhunderts beflügelten den Bergbau und bescherten den Menschen einen rasanten wirtschaftlichen Aufschwung. Im Jahr 1525 war der Kirchenbau vollendet, doch noch 22 Jahre nach der Reformation wurden hier katholische Messfeiern abgehalten. Neben den fünf Altären blieben zahlreiche weitere Elemente der Innenraumgestaltung aus der katholischen Zeit erhalten.

Für die Außenwände der Kirche wurde durchweg einheimischer Gneis verwendet. Das passt zu der rauen Erzgebirgslandschaft und verleiht vor allem dem Hauptportal eine imposante optische Wirkung. Beim Betreten der Kirche schweift der Blick unwillkürlich hinauf zur Decke. In dem prächtigen Schlingrippengewölbe erkennt man Blüten, in deren Mitte kunstvoll gestaltete, in Blau und Gold gehaltene Rosetten leuchten. Obwohl die Kirche reich an Kunstwerken ist, fasziniert sie vor allem durch ihren ästhetischen Gesamteindruck. Man sollte sich Zeit nehmen, um die Kanzel, den Taufstein und die steinerne Bilderbibel an der Empore in Ruhe zu betrachten. Das gilt auch für den weit über die Region hinaus bekannten Annaberger Bergaltar. Die Knappschaft hatte den geschnitzten Marienaltar im Jahr 1521 gestiftet. Sehenswert sind sowohl die Vorder- als auch die Rückseite. Vorn befindet sich das Tafelgemälde aus der Werkstatt Lucas Cranachs, auf der Rückseite sind Gemälde des Malers Hans Hesse zu sehen. Sie erzählen vom Silberbergbau im 16. Jahrhundert und von der Veränderung der Landschaft durch den Bergbau.

Vom Kirchturm bietet sich aus 42 Metern Höhe von Mai bis Oktober sowie an den Adventswochenenden ein herrlicher Weitblick.

- St. Annenkirche, Kleine Kirchgasse 23, 09456 Annaberg-Buchholz
  www.annenkirche.de
- ÖPNV: Bus C, D, Haltestelle Sparkasse/Annenkirche

Kein Robin Hood

43

Karl Stülpner und die „Linde“ in Großolbersdorf

Sie sind noch heute in aller Munde, die beiden von Mythen umwobenen erzgebirgischen Volkshelden Lips Tullian und Karl Stülpner. Doch während sich Lips Tullian tatsächlich mit seiner Räuberbande an fremdem Eigentum verging, sah die Sache bei dem bekannteren Karl Stülpner anders aus. In der zweiten Hälfte des 18. Jahrhunderts – der Siebenjährige Krieg war vorbei – litten die Menschen unter einer großen Hungersnot. Stülpner widersetzte sich dem Alleinanspruch des Adels, das heimische Wild, das in Scharen die Felder verwüstete, zu jagen. Mit seiner Wilderei half er den armen Familien zu überleben und wurde als Held gefeiert. Zahlreiche Orte im mittleren Erzgebirge erinnern an diesen mutigen Mann, doch nirgendwo sonst kommt man ihm so nahe wie in Großolbersdorf.

TIPP

Interessantes über Karl Stülpner erfährt man im Dorfmuseum Sättlerhaus auf der Schulstraße 16.

Es liegt etwas versteckt, das historische Gasthaus und denkmalgeschützte Fachwerkhaus Zur Linde, das im Jahr 1501 erstmals hier erwähnt wurde. Der kleine Anstieg vom Parkplatz wird in vielerlei Hinsicht belohnt. Wer die Gaststube betritt und sich umschaut, fühlt sich in die Zeit Karl Stülpners versetzt, der hier oft zu Gast war. Bilder, Zeichnungen, Dokumente und historisches Interieur erinnern an ihn. Im Jahr 1819 baute ein enger Freund Stülpners das Haus zur Gast- und Raststätte aus. Seitdem in Familienbesitz, wurde es im Jahr 1982 aufwendig saniert. Die jetzigen Besitzer verwöhnen ihre Gäste mit Speisen auf Basis der klassischen französischen Küche, ohne dabei die beliebten regionalen Gerichte zu vernachlässigen. Nicht nur Stammgäste notieren sich den Beginn der Gänsebratensaison am 11. November eines jeden Jahres. Im Sommer gibt es Eis aus eigener Produktion. Stolz erklären beide Köche, dass alles in Handarbeit nach alter Schule zubereitet wird.

Einen Steinwurf von der Linde entfernt befindet sich eine kleine Kirche aus dem 14. Jahrhundert. Auf ihrem Friedhof fand Karl Stülpner seine letzte Ruhe. Ach, könnte er doch die köstlichen Düfte genießen, die von der Linde zu seinem Grab hinüberwehen …

● Historisches Gasthaus Zur Linde, An der Kirche 2, 09405 Großolbersdorf, Tel. (03 73 69) 93 23, www.gasthaus-zurlinde.de

Ins Bergwerk abgetaucht

44 Die Felsendome Rabenstein bei Chemnitz

Jedes Besucherbergwerk im Erzgebirge hat etwas, das es zu etwas Besonderem macht: das zutage geförderte Erz, das Netz begehbarer Wege oder die Art und Weise, wie man sich durch die Untertagewelt bewegt. Auch das Schaubergwerk Felsendome Rabenstein ist einzigartig und verzaubert mit einer mitunter magischen Atmosphäre. Über einen Zeitraum von 600 Jahren wurde hier Kalk mit einfachsten Werkzeugen abgebaut. Herrscht in anderen Bergwerken oft bedrückende Enge, betritt man hier weite, bis zu 9 Meter hohe Räume. Der Größenvergleich mit Kirchen hat ihnen die Bezeichnung Felsendome eingebracht. Vier Sohlen wurden seinerzeit in den Felsen getrieben. Erst 1908 kam der Bergbau in Rabenstein aus wirtschaftlichen Gründen zum Erliegen. Heute ist es ein Schaubergwerk, das zu Fuß besichtigt werden kann. Rollstuhlfahrern ist der Zugang ebenfalls möglich. Nach einem 30 Meter langen Höhlengang eröffnet sich dem Besucher die zauberhafte Welt der Steine, Stalagmiten, Stalaktiten und schimmernden Bergseen. Der Marmorsaal mit seinen verschiedenfarbigen Marmorwänden ist der beeindruckendste der vier Säle, die man auf der 700 Meter langen Wegstrecke durchquert.

Die unteren zwei Sohlen liegen 22 Meter unter der Erde und sind geflutet. Nach vorheriger Anmeldung und den notwendigen Sicherheitsvorkehrungen können tauchkundige Besucher die Höhlen im 7 Grad kalten kristallklaren Wasser erkunden.

Doch egal ob Spazier- oder Tauchgang, wer das Schaubergwerk Felsendome Rabenstein besucht hat, kann sich anschließend im rustikalen Bergwerksrestaurant stärken. Balkendecken, blanke Holztische, Raumteiler, die gotischen Fenstern ähneln – das alles sorgt ebenso für gute Stimmung wie die Speisen, bereitet nach Omas sächsischem Kochbuch. Und wer bei seinem Besuch in Rabenstein in jeder Hinsicht auf den Geschmack gekommen ist und gern ein paar Tage bleiben möchte, für den hält die kleine Pension im Obergeschoss drei gemütlich eingerichtete Zimmer bereit.

● Felsendome Rabenstein, Weg nach dem Kalkwerk 4, 09117 Chemnitz, Tel. (03 71) 8 08 00 37, www.felsendome.de
● ÖPNV: Bus 32, Haltestelle Felsendome

Begegnung mit der Romantik

45 Im Robert-Schumann-Haus in Zwickau

Nicht nur Liebhaber klassischer Musik werden ihre Schritte in Zwickau gern in das Robert-Schumann-Haus lenken. Es vereint Museum, Konzertsaal und internationale Forschungsstätte unter einem Dach. Robert Schumann gilt heute als einer der bedeutendsten Komponisten der Romantik. Am 8. Juni 1810 erblickte er in Zwickau im Eckhaus Hauptmarkt 5 als sechstes Kind wohlhabender Eltern das Licht der Welt. Seit dem Jahr 1956 ist das Zwickauer Schumannmuseum an diesem Ort untergebracht.

Ehrfürchtig und staunend besichtigt der Gast die ehemaligen Wohnräume und kann sich dabei vorstellen, wie Robert Schumann hier seine Kindheit verbrachte. Heute sind die Räumlichkeiten mit zeitgenössischem Mobiliar und Musikinstrumenten ausgestattet, mit Gemälden, Fotografien und Porträtskulpturen des Komponisten und seiner Familie. Auch Robert Schumanns Stehpult, sein Schachspiel und ein Reisekoffer sind zu sehen. In Tischvitrinen liegen von ihm verfasste Briefe neben Konzertprogrammen und anderen wertvollen Dokumenten. Jeder Raum dokumentiert einen neuen, prägenden Lebensabschnitt des Komponisten. Von den Jünglingsjahren in Leipzig und Heidelberg, den Ehejahren und der Zeit in Dresden bis hin zu den letzten Jahren im Rheinland, wo er am 29. Juli 1856 in der Nervenanstalt Endenich bei Bonn starb. Neben Robert Schumann steht von Beginn an auch seine Gattin Clara Wieck-Schumann, die europaweit gefeierte Pianistin und Komponistin, im Fokus der Ausstellung. Im Geburtszimmer Robert Schumanns steht ein Hammerflügel. Darauf gab Clara als 9-Jährige ihr erstes Konzert im Leipziger Gewandhaus. Auch nach der Heirat mit Robert Schumann setzte sie ihre künstlerische Karriere fort.

Im Jahr 1847 fand unter Mitwirkung des Künstlerehepaars ein erstes Schumannfest in Zwickau statt. Inzwischen ist es – jeweils Anfang Juni, rund um Robert Schumanns Geburtstag – zu einem jährlich stattfindenden Ereignis geworden, das Besucher aus aller Welt nach Zwickau kommen lässt.

TIPP

Eintauchen, entspannen und wohlfühlen geht im Zwickauer Johannisbad.

- Robert-Schumann-Haus, Hauptmarkt 5, 08056 Zwickau, Tel. (03 75) 83 44 06
  www.schumann-zwickau.de
- ÖPNV: RB 1, RB 2, Straßenbahn 3, diverse Busse, Haltestelle Zwickau Zentrum

Prominent gebettet

46 Das Ferienhaus Freitag in Oberwiesenthal

Das Erzgebirge hat etliche erfolgreiche Wintersportler hervorgebracht. Je spektakulärer der sportliche Erfolg, desto größer die Prominenz. Bekannte Namen sind unter anderem die der Biathletin Denise Herrmann-Wick aus Bockau, des Skispringers Jens Weißflog aus Oberwiesenthal, des Nordischen Kombinierers Eric Frenzel aus Geyer und des Skispringers Richard Freitag aus Erlabrunn. Ist die sportliche Laufbahn beendet, geht das Leben weiter. Was liegt da näher, als den prominenten Namen als Starthilfe und Werbeschild für eine neue Existenz zu nutzen?

Die Vorschusslorbeeren seien den Sportlern gegönnt, sind sie doch der verdiente Lohn für ihre hart erkämpften, mit persönlichen Entbehrungen verbundenen Erfolge. Ein besonderes Domizil bietet die Familie Freitag mit ihrem Ferienhaus Freitag im Kurort Oberwiesenthal. Seit dem Jahr 2014 können Gäste in dem *Häusel* am Fuße des Fichtelbergs ihren Urlaub verbringen, und das rund ums Jahr. Das Haus punktet mit seiner sonnigen Hanglage und dem Fichtenwald ringsum. Aus der Luft betrachtet meint man, es sei in ein weites Waldgebiet hineingepflanzt, denn die Wanderwege und Langlaufpisten beginnen fast vor der Tür.

Schon beim Betreten des Hauses spürt man die familiäre Atmosphäre und erkennt am geschmackvoll ausgewählten Interieur, dass man im traditionsreichen Erzgebirge gelandet ist. Vier geräumige und zwei kleinere Ferienwohnungen bieten alles, was der Mensch im Urlaub an Service und Komfort braucht. Dazu kommt der Blick auf Oberwiesenthal oder zum Keilberg in Tschechien, dem höchsten Gipfel des Erzgebirges. Originell sind die Namen der einzelnen Wohnungen. So gibt es die Wohnung Flugschanze mit 85 Quadratmetern, die Wohnung Normalschanze mit 65 Quadratmetern oder die Wohnung Großschanze mit 60 Quadratmetern. Wer früh gern frische Brötchen mag, kann den Frühstücksservice in Anspruch nehmen. Und für Wellnessfreunde ist der modernisierte Wohlfühlbereich des Hauses mit Kamin und Sauna ebenfalls ein willkommener Glücksort.

- Ferienhaus Freitag, Bergstraße 5, 09484 Oberwiesenthal
www.ferienhausfreitag.de
- ÖPNV: Bus A, 414, Haltestelle Pension Herberger; Bus 411, 429, 436, Haltestelle Am Bahnhof

Kulinarische Zeitreise

47 „Zum Grenadier" im Schloss Wolkenstein

Mittelalterliche Schlösser in Sachsen haben nicht nur Ritter und fahrendes Volk gesehen. Die Zeit, in der Napoleon seine Eroberungslust in sächsischen Landen blutig auslebte, hat in zahlreichen Orten Spuren hinterlassen. Sie ist auch im Gedächtnis der einfachen Menschen verankert, für die der selbst ernannte Kaiser alles andere als ein Glücksbringer war. Heute erinnern Traditionsregimenter in nachgestellten Schlachten, auf Biwaks und Exerzierplätzen an das Leben der sächsischen Soldaten und damit auch an die zigtausend im Kampf gefallenen Männer.

Weit gefälliger zeigt sich die Erinnerung in gastronomischen Einrichtungen, die sich dem Thema Napoleon verschrieben haben. Eine Lokalität sticht dabei besonders hervor: die Schankwirtschaft Zum Grenadier in den Kreuzgewölben des mittelalterlichen Schlosses Wolkenstein. Wer die schwere Eingangstür hinter sich geschlossen hat und den Gastraum betritt, meint, er befände sich auf einer Zeitreise an den Beginn des 19. Jahrhunderts. An langen Tischen stehen roh gezimmerte, mit Tierfellen belegte Holzbänke. Ein gemauerter Herd, bestückt mit Pfannen und Töpfen, erinnert an die frühere Schlossküche. Man geht vorbei an bruchsteinernen Wänden und über knarrende Holzdielen. Überall trifft der Blick auf historische Gegenstände des täglichen Lebens, auf Waffen und Bilder. Man begegnet Soldaten und Offizieren in schmucken Uniformen und merkt erst auf den zweiten Blick, dass sie lebensgroße Puppen sind.

Gern nimmt man am Tisch Platz, lässt sich von der gemütlichen Atmosphäre einfangen und studiert die Speisekarte, die ein rustikales Mahl und ein süffiges Regimentsbräu verspricht. Während man die Qual der Wahl hat zwischen kleiner Speisekarte, Königlich-Sächsischer Tafelei, Ritteressen und Wildtafelei, sorgen Spielleute mit Musik, Spaß und derben Sprüchen für Unterhaltung. Und spätestens jetzt wünscht man sich, der heitere Abend im Grenadier möge erst im Morgengrauen enden.

- Schankwirtschaft Zum Grenadier, Schloßplatz 1, 09429 Wolkenstein, Tel. (03 73 69) 8 84 80, www.zum-grenadier.de
- ÖPNV: Bus 439, Haltestelle Markt; Bus 216, 400, Haltestelle Annaberger Straße

Ach, wie süß!

48 Der Zoo der Minis in Aue

Er zaubert nicht nur Kindern ein Lächeln ins Gesicht. Dieser Zoo ist weltweit einmalig und schon deshalb einen Besuch wert. Die gartenartig gestaltete 2 Hektar große Anlage am Stadtrand von Aue überrascht ihre Besucher mit einem ungewöhnlichen Konzept. Hier stehen nicht die Riesen im Mittelpunkt, sondern ausschließlich die Zwerge. Wobei Zwerg nicht zwangsläufig klein bedeutet. So kommt der chinesische Leopard recht stattlich daher, ist jedoch die kleinste Großkatze im Tierreich. Bei einem gemütlichen Zoobummel begegnet man ihr ebenso wie der Salzkatze, dem Zwergotter, dem Weißbüscheläffchen, dem Diamantentäubchen, dem Kurzohrrüsselspringer oder dem Fleckenhuhn. Über 400 Tiere 70 verschiedener Arten sind in diesem nicht alltäglichen Zoo zu Hause.

Bestrebungen zur Einrichtung eines eigenen Tiergartens gab es in Aue schon um das Jahr 1900. Doch es verging noch viel Zeit und so manches Hindernis musste überwunden werden, ehe Mitte der 1990er-Jahre die originelle Idee für den Zoo der Minis geboren war. Er sollte gleichermaßen ein Ort der Erholung, der Bildung und der aktiven Freizeitgestaltung sein. Seit dem Jahr 1991 sorgt sich ein Förderverein um den Erhalt und die Lebendigkeit des Zoos. Private Führungen werden ebenso angeboten wie Gruppenführungen für Kinder. Auch Geburtstagsfeiern für Kinder sind möglich.

Besonders beliebt ist das Krabbel- und Streichelgehege. Hier können die Kinder kuschelige, aber auch exotische Kleintiere im doppelten Wortsinn begreifen. Dieser hautnahe Kontakt hilft ihnen, Vorurteile und Berührungsängste zu überwinden, Tiere zu achten und ihre Lebensweise zu respektieren. Einmal im Jahr findet mit Tausenden Besuchern das große Tierparkfest statt. Um das alles zu finanzieren, hatten die Mitarbeiter eine gute Idee: Alle Interessierten können die Patenschaft für ein Tier übernehmen. Zum Dank dafür gibt es eine liebevoll gestaltete Urkunde. Eine gute Sache! Das sagten sich auch schon Inka Bause, Uwe Steimle und Günther Jauch.

● Zoo der Minis, Damaschkestraße 1, 08280 Aue-Bad Schlema
www.zooderminis.de
● ÖPNV: Bus 376, 415, Haltestelle Tierpark/Friedhof

Reise ins Mittelalter

49 Das Schloss Stein bei Hartenstein

Eine Reise ins Mittelalter beschert nicht nur den Fans dieser Epoche besondere Glücksmomente. Das Idealbild der mittelalterlichen Ritterburg stellen viele sich etwa so vor: spätromanische Anlage, errichtet auf felsigem Grund im romantischen Tal eines Flusslaufes, verziert mit zahlreichen Türmen, dicken Wehrmauern ringsum und am Ende der Auffahrt ein mächtiges Tor.

Schloss Stein bei Hartenstein hat all das zu bieten. Zunächst entstand die mächtige Oberburg, im 15. Jahrhundert kam die Niederburg hinzu. Auch die spätgotische Burgkapelle durfte nicht fehlen. Um das Jahr 1406 gelangte Burg Stein in den Besitz des Adelsgeschlechts derer von Schönburg beziehungsweise ihrer Lehnsnehmer. Bald schon haftete ihr der Ruf einer gefürchteten Raubritterburg an.

Nachhaltig von sich reden machte Burg Stein durch den spektakulären Sächsischen Prinzenraub im Jahr 1455. Zu dieser Zeit war Junker Kunz von Kaufungen der Burgherr, ein geachteter Mann mit einem ausgeprägten Sinn für Gerechtigkeit. Und ebender sollte ihm zum Verhängnis werden. Kunz fühlte sich von Kurfürst Friedrich dem Sanftmütigen um eine Entschädigung betrogen. Um seiner Forderung Nachdruck zu verleihen, entführte Kunz die beiden Söhne des Kurfürsten. Während der jüngere Albrecht flüchten und Hilfe herbeiholen konnte, war Thronfolger Ernst in einer Höhle nahe Hartenstein gefangen. Durch Verrat wurde Ritter Kunz schließlich gefasst und auf dem Marktplatz zu Freiberg enthauptet.

Zum Glück wurden die Räumlichkeiten der Burg über die Jahrhunderte hinweg kaum verändert. Bei einer Führung spüren Besucher eindrucksvoll die Enge und Dunkelheit des mittelalterlichen Wehrbaus. Sie sehen historische Waffen und Rüstungen. Auch ein Respekt einflößendes Richtschwert wird präsentiert und jede Menge original erhaltenes Foltergerät, das an Zeiten erinnert, die glücklicherweise lange vorbei sind.

- Museum Burg Stein, Stein 1, 08118 Hartenstein, Tel. (03 76 05) 62 96 www.burg-stein.de
- ÖPNV: RB 95, Bus 141, 142, Haltestelle Hartenstein Bahnhof

Ein Brunnen erzählt

50 Der Marktbrunnen von Glauchau

Jemand will herausgefunden haben, dass in den kleinsten Städten oft die schönsten Brunnen stehen. Der Brunnen auf dem Markt in Glauchau scheint diese These zu bestätigen. Die Glauchauer sind stolz auf das Schmuckstück in ihrer Stadt. Ringsum laden Bänke zum Verweilen ein. Es empfiehlt sich, einmal um das Kunstwerk herumzugehen und die drei Figurengruppen von Nahem zu betrachten. In den Rand des Wasserbeckens sind drei Podeste eingefügt mit jeweils einer Figurengruppe, wobei Teile der Figuren beweglich sind. Die größte und erstaunlichste Gruppe ist die mittlere. Sie zeigt einen Weber am Handwebstuhl. Alles ist aus Bronze und in Originalgröße bis ins Detail gestaltet, ein Meisterwerk des Aachener Bildhauers Bonifatius Stirnberg. Schaut man dem Weber in den Rücken, steht rechts von ihm eine Marktfrau, den Kopf in ein Tuch gehüllt, die Arme in die Seiten gestützt – wie Marktfrauen früher so standen, wenn sie ihre Waren feilboten. Die Körbe zu ihren Füßen sind mit Gemüse gefüllt. Hühner und Enten sehen in einer Kiste ihrem letzten Stündlein entgegen. Man bekommt Mitleid, so echt sehen sie aus. An der linken Seite stehen zwei Jungen mit Rucksack und Baseballkappe hinter einem Mädchen, das etwas ungelenk zum Geigenspiel ansetzt.

TIPP
Romantisch bis gruselig sind die begehbaren unterirdischen Gänge von Glauchau.

Der Marktbrunnen wurde im Jahr 2001 von dem in Glauchau geborenen Hans Lorenz und seiner Frau Gretel gespendet. Er erinnert an das traditionelle Weberhandwerk in Glauchau, das weit ins 13. Jahrhundert zurückreicht. Mitte des 19. Jahrhunderts war Glauchau eine geachtete, weithin bekannte Weberstadt. In den Manufakturen, teils mit mehreren Webstühlen ausgestattet, arbeitete die gesamte Familie, vom Kleinkind bis zum Großvater. Die Industrialisierung brachte Fabriken mit großen Webmaschinen hervor. Damit hielten Textilien aus Glauchau sogar der englischen Konkurrenz stand. Die Stadt entwickelte sich zu einem Industriestandort von Weltruf. Der „Brunnen-Weber“ an seinem mächtigen Webstuhl erinnert heute daran.

- Marktbrunnen, Markt 2, 08371 Glauchau
- ÖPNV: Bus 105, Haltestelle Heinrichshof

Durch die Welt spaziert

51 Die Miniwelt in Lichtenstein

Einmal um die ganze Welt! Das geht auch ohne Taschen voller Geld. Die Miniwelt in Lichtenstein, im Erzgebirgsvorland zwischen Chemnitz und Zwickau gelegen, macht es möglich. Von April bis Anfang November wird der kulturelle Landschaftspark zu einem zauberhaften Ausflugsziel für die gesamte Familie. Auf einer Fläche von 4,5 Hektar wetteifern die Miniaturen von über 100 berühmten, auf der ganzen Welt verteilten Bauwerke und Monumente um die Aufmerksamkeit der Besucher. Hier bekommt die Bezeichnung „faszinierend" eine neue Dimension. Das Besondere des Miniaturparks Lichtenstein ist allein schon der Maßstab der architektonischen Highlights von 1:25. Und ebendiese Größe macht die Begegnung mit ihnen so erstaunlich. Man kann um sie herumgehen und Einzelheiten erkennen, die bei kleineren Modellbauten oft nicht zu sehen sind. Und noch etwas zeugt von der Liebe zum Detail: Die meisten Bauwerke sind aus dem gleichen Material gefertigt wie ihre Originale.

Der Spaziergang um den fiktiven Globus führt von Nord nach Süd. Zunächst quer durch Deutschland und dann weiter von Dresden über Paris und Pisa bis nach New York. Und das ohne Visum! Man muss nicht einmal einen Zug, ein Schiff oder ein Flugzeug besteigen. Etliche Nachbauten dieser Verkehrsmittel schenken dem Park sogar noch mehr Originalität und Lebendigkeit. Züge rauschen vorbei, ein funktionstüchtiges Feuerlöschboot mit drei Löschkanonen und Sprinkleranlage wartet darauf, vorgeführt zu werden. Ein Airbus A 310 fliegt über die Köpfe hinweg. Und immer wieder kommt ein neues Bauwerk in Sicht, vor dem man schon lange einmal stehen wollte. Das Taj Mahal zum Beispiel, die Freiheitsstatue in New York oder der Tower von London. Kleine Parkbesucher werden gern den Abenteuerspielplatz in Beschlag nehmen oder mit den Erwachsenen im 360-Grad-Kino Minikosmos in drehbaren Sitzen einen „Flug ins All" wagen. Alles ist möglich!

- Miniwelt, Chemnitzer Straße 43, 09350 Lichtenstein, Tel. (03 72 04) 7 22 55 www.miniwelt.de
- ÖPNV: Bus 152, 251, Haltestelle Miniwelt

A 310
DB
101 024-8

Der Stollen im Stollen

52 „Im Gößner" in Annaberg-Buchholz

Der Christstollen gehört im Erzgebirge ebenso zur Adventszeit wie Schwibbogen, Räuchermann und Pyramide. Manch einer meint, allein der Dresdner Stollen sei der wahre, der echte Stollen. Mag sein, dass er am meisten von sich reden machte, als er durch die Konditorei Kreutzkamm Mitte des 19. Jahrhunderts, in Metallkisten verpackt, in alle Welt verschickt wurde und damit seinen Ruf begründete. Jedoch gab es im Erzgebirge nachweislich schon seit 1750 die Tradition, das süße, mit Puderzucker bestäubte Backwerk zur Weihnachtszeit auf den Tisch zu bringen. Anfangs als einfachen Mehlstriezel, später, je nach Geldbeutel, mit Butter, Zucker, Zitronat, Mandeln und Rosinen. Der Name „Christstollen" soll das in weißes Leinen gewickelte Christkind symbolisieren.

Die Vermutung liegt nahe, dass die Kreutzkamms sich das Stollenbacken seinerzeit vom Erzgebirge abgeschaut haben. Vielleicht sogar von einer Bäckerei in Annaberg-Buchholz? Denn hier versteht man es, einen besonders köstlichen Christstollen zu backen. Das Besondere daran ist nicht allein die ständig verbesserte Rezeptur, sondern auch die Reifung in einem ehemaligen Bergwerksstollen. Das ist kein Witz! Tatsächlich werden die frisch gebackenen 750 Gramm schweren sogenannten Gößnerstollen in dem 500 Jahre alten ehemaligen Annaberger Silberbergwerk etwa 6 bis 8 Wochen gelagert. In dieser Zeit entwickeln die köstlichen Schwergewichte, die 12 Wochen haltbar sind, aufgrund der konstanten klimatischen Bedingungen unter Tage sowie der speziellen Rezeptur ihr köstliches Aroma. Anfang Dezember werden sie verkauft. Zum Beispiel auf dem Weihnachtsmarkt in Annaberg-Buchholz, der zu dieser Zeit nicht nur für hiesige Naschkatzen zu einem Paradies wird.

Das Bergwerk Im Gößner, das direkt unter der Innenstadt liegt, wurde erst 1992 wiederentdeckt und 3 Jahre später als Besucherbergwerk eröffnet. Unter fachkundiger Führung kann man in bis zu 24 Meter Tiefe die ehemaligen Stollen, Schächte und Abbauspuren von vor 500 Jahren entdecken.

- Erzgebirgsmuseum mit Silberbergwerk Im Gößner, Große Kirchgasse 16, 09456 Annaberg-Buchholz, Tel. (0 37 33) 2 34 97
- ÖPNV: Bus C, D, Haltestelle Sparkasse/Annenkirche

Im Gößner

In Stein erblüht

53 Die Tulpenkanzel im Freiberger Dom

Wer den Freiberger Dom St. Marien durch die Goldene Pforte betritt, kommt sächsischer Geschichte sehr nahe. Das evangelisch-lutherische Gotteshaus am Untermarkt kündet nicht nur vom Reichtum der Bergstadt, es erzählt auch viel über die Wettiner, die sächsische Herrscherdynastie. Nach der Reformation bestimmten sie den Freiberger Dom zur Grablege. Neun Herrscher sowie 40 Familienmitglieder der albertinischen Linie fanden hier von 1541 bis 1694 ihre letzte Ruhestätte. Wegen seiner zentralen Bedeutung wurde der Dom besonders reich mit Kunstwerken ausgestattet. Allein den Chorraum schmücken 34 Engel, von denen 21 auf originalen Renaissance-Instrumenten spielen.

Neben dem farbig bemalten Netzgewölbe, den zwei Silbermannorgeln, zahlreichen mittelalterlichen Skulpturen und dem romanischen Taufbecken aus Stein beeindrucken besonders die beiden Kanzeln. Die Treppe der Bergmannskanzel trägt ein Bergknappe in Arbeitstracht, ihren Korb schultert die Figur eines Steigers. Das Glanzstück des Doms jedoch ist die Tulpenkanzel. Staunend steht man vor ihren steingewordenen Fantasiegewächsen. Diese um das Jahr 1505 aus Rochlitzer Porphyrtuff entstandene Kanzel gilt als Meisterwerk freier plastischer Gestaltung. Säulen, Korb und Treppe scheinen keinen baulichen Normen zu folgen. Pflanzen und Engel umspielen den mächtigen Mittelstamm. Der Kanzelkorb ruht auf einem Ring aus Weintrauben, ein Hinweis auf Christus und das Abendmahl. In einer Astgabel sitzt ein Mann, der den Treppenaufgang trägt. Seine Kleidung verrät, dass er ein zeitgenössischer Bildschnitzer oder Steinmetz war. Alle Details sind überaus lebendig und authentisch gestaltet. Die Tulpenkanzel wird als Festtagskanzel zu hohen kirchlichen Feiertagen benutzt.

Wer einen Besuch in Freiberg gern mit einem Konzert im Dom beenden möchte, hat dazu zwischen Mai und Oktober jeden Donnerstag Gelegenheit. Seit über 70 Jahren gibt es die Freiberger Abendmusikreihe, die sich nicht nur bei den Einheimischen großer Beliebtheit erfreut.

TIPP

Direkt am Dom lockt das Café Andelt mit köstlicher regionaler Backkunst.

● Dom St. Marien, Untermarkt 1, 09599 Freiberg
www.freiberger-dom.de
● ÖPNV: Bus B, 745, 747, 749, 750, Haltestelle Schlossplatz

Ab in die Mitte!

54 Sachsens Mittelpunkt im Tharandter Wald

„Das will ich gesehen haben!“ Nicht nur Menschen, die in Sachsen geboren sind, sollten diesen Vorsatz fassen und frohen Mutes loswandern. Das Ziel: der geografische Mittelpunkt Sachsens im Tharandter Wald. Hat man ihn erreicht, verkündet eine Stele aus Granit: Hier ist der Mittelpunkt des Freistaates Sachsen. Die stolze Behauptung ist zwar ein wenig geflunkert, denn der exakte Mittelpunkt liegt etwa 250 Meter entfernt in einem unzugänglichen Waldstück, aber das schmälert die Bedeutsamkeit des Ortes keineswegs.

Eine beliebte Wanderstrecke dorthin beginnt in Grillenburg und führt entlang des Colmnitzbaches durch den Tännichtgrund bis zur „Diebeskammer“. Der frühere Eingang dieser Höhle ist noch gut zu sehen. Hier versteckte einst der Räuber Lips Tullian sein Diebesgut. Der aus Straßburg stammende kaiserliche Leutnant hatte nach 1702 mit seiner Schwarzen Garde die Gegend bis ins Böhmische hinein unsicher gemacht. Nach zweimaliger Flucht aus dem Gefängnis wurde er im Beisein August des Starken am 8. März 1715 in Dresden öffentlich enthauptet. Hat man Sachsens Mittelpunkt und den Höhleneingang des Räubers ausreichend gewürdigt, erwacht ganz sicher der Wunsch, weiter durch den Tharandter Wald zu wandern. Nicht von ungefähr gilt er als der schönste Wald Sachsens. Mit seinen 60 Quadratkilometern Waldfläche ist er ein wahres Wanderparadies. Attraktive Ziele sind die Warnsdorfer Quelle, das Jungfernloch, der Glockenstuhl oder Heinrich Cottas Grab. Auf 180 Kilometern Wanderwegen kann man die Natur in ihrer Ursprünglichkeit genießen. Je nach Vorliebe und Fitness geht das zu Fuß, per Fahrrad oder auf dem Rücken eines Pferdes.

Wieder in Grillenburg angelangt, sorgt das dortige Waldbad mit seinen Liegewiesen für Abkühlung und Entspannung. Und wer den erlebnisreichen Wandertag auf romantische Weise ausklingen lassen möchte, der besteige am Gondelteich ein Boot und rudere in herrlicher Stille, vorbei am ehemaligen Jagdschloss, unter der Schlossbrücke hindurch in den Abend hinein.

TIPP

Für Einkehr und Übernachtung empfiehlt sich das Parkhotel Forsthaus im Kurort Hartha.

- Tharandter Wald mit Gondelteich Grillenburg, Freundschaftsweg 2, 01737 Tharandt (OT Grillenburg), www.dresden-elbland.de
- ÖPNV: Bus 363, Haltestelle Grillenburg Hauptstraße

"Diebskammer"
Gedenkstele

Himmlisch verräuchert

55

Im Crottendorfer Räucherkerzenland

Schnee ist gefallen. Vor dem Haus glitzert die weiße Pracht im Mondlicht und drinnen ist alles weihnachtlich geschmückt. In der Adventszeit rücken die Leute im Erzgebirge enger zusammen. Das war schon immer so. Gemeinsam mit den Nachbarn wird gesungen, gegessen und manch winterliche Geschichte erzählt. Doch was wäre so ein *Hutzenabend* ohne Räucherkerzenduft? Mit glimmender Spitze stehen die Winzlinge in den ausgehöhlten Leibern gedrechselter Holzfiguren. Der angestaute Rauch entweicht durch die offenen Münder und zaubert Weihnachtsstimmung in den Raum.

Die Vielfalt der erzgebirgischen Räuchermännlein ist erstaunlich. Sie reicht von Schutzmännern, Waldarbeitern und Nachtwächtern bis zu Vertretern aller nur denkbaren heutigen Berufsgruppen. Und damit den oft bunt bemalten Männlein der Rauch nie ausgeht, sorgen in Sachsen gleich drei Handwerksbetriebe für Nachschub: KNOX in Mohorn-Grund am Tharandter Wald, HUSS in Sehmatal-Neudorf und die Crottendorfer Räucherkerzenproduktion. Letztere bietet mit ihrem Räucherkerzenland sommers wie winters einen besonders besuchenswerten Ort für die gesamte Familie: traditionelles Handwerk verbunden mit zeitgemäßem Erlebnisanspruch. Während sich die Großen im Marktbereich und im Ladengeschäft umschauen, können die Kleinen im Raacherkerzl-Stolln ihre eigenen Räucherkerzen herstellen, und das in original erzgebirgischer „Schwarzarbeit". Schürze umgebunden, Ärmel hochgekrempelt und los geht's! Im Sommer ist der große Outdoor-Erlebnisspielplatz angesagt.

Doch eine Attraktion stellt alle anderen in den Schatten: die weithin sichtbare, 15 Meter hohe Räucherkerze mit leuchtend roter Spitze. In ihrem Inneren wird ein kleines, anschaulich gestaltetes Museum zur Geschichte der Räucherkerzenherstellung in Crottendorf gezeigt. Im hauseigenen Café AnnaBella kann man den Besuch gemeinsam ausklingen lassen.

● Crottendorfer Räucherkerzenland, Am Gewerbegebiet 1, 09474 Crottendorf, Tel. (03 73 44) 13 86 86, www.crottendorfer-raeucherkerzen.de

● ÖPNV: Bus 415, 417, Haltestelle Räucherkerzenland

Sicher angestaut

56

Die Talsperre Malter

Schwimmen, paddeln, campen, sonnenbaden, angeln. Das und noch viel mehr kann man an der Talsperre Malter. Sie wird aus gutem Grund die „Badewanne Dresdens" genannt und liegt nur wenige Kilometer von der historischen Altstadt der Großen Kreisstadt Dippoldiswalde entfernt. Die Talsperre lockt jährlich unzählige Badelustige und Erholungsuchende an. Mit ihren 84 Hektar Wasseroberfläche zählt sie zu den beliebtesten Naherholungszielen im Osterzgebirge und hat sich in den vergangenen 30 Jahren zu einem wahren Freizeit- und Erholungsparadies entwickelt. Ein Vorteil der drei Strandbäder Malter, Paulsdorf und Seifersdorf sind die großen, direkt bis ans Wasser reichenden Liegewiesen. Besonders Kinder, Nichtschwimmer und ältere Badegäste wissen das zu schätzen.

TIPP

Ein beliebtes Wandergebiet oberhalb der Talsperre ist die Dippoldiswalder Heide.

Ist es draußen zum Baden zu frisch, empfiehlt sich das moderne Erlebnisbad im Ortsteil Paulsdorf. Wer über das Wasser schippern möchte, hat am Bootsverleih Malter die Wahl zwischen Ruderkahn und Tretboot. Letzteres in Gestalt eines überdimensionalen Schwans. Angelfreunde schätzen die Talsperre Malter als gefragtes Raubfischgewässer. Hier tummeln sich immerhin 17 verschiedene Fischarten. Darunter Aal, Barsch, Zander, Hecht und Karpfen, und mit etwas Anglerglück beißt sich auch schon mal ein kapitaler Wels am Haken fest. Die nähere Umgebung der Talsperre Malter ist ideal zum Wandern und Radeln. Es gibt 20 gut ausgeschilderte Wanderwege und zwölf Radtouren. Am einfachsten zu bewältigen ist der 6,5 Kilometer lange Rundweg einmal um die Talsperre. Den schafft man in gut 2 Stunden.

Zu verdanken ist die Talsperre der zwischen 1908 und 1913 gebauten Sperrmauer: eine aus Bruchsteinmauerwerk errichtete gekrümmte Gewichtsstaumauer, 36 Meter hoch und 193 Meter breit, die einen Blick auf das historische Wasserkraftwerk unterhalb der Sperre bietet. Und wer mehr über den Bau und die Geschichte der Sperrmauer erfahren möchte, kann die mit historischen Fotos versehenen Infotafeln entlang der Mauer studieren.

- Talsperre Malter, 01744 Dippoldiswalde
- Erlebnisbad, Am Bad 1 a, 01744 Dippoldiswalde (OT Paulsdorf) www.erlebnisbad.talsperre-malter.de
- ÖPNV: Weißeritztalbahn, Haltestelle Malter Bahnhof; Bus 375, 376, Haltestelle Paulsdorf Campingplatz

AQUA MARINA

Glück auf!

57 Das Schaubergwerk in Grünhain-Beierfeld

Das Erzgebirge ist reich an Schaubergwerken. Herkules-Frisch-Glück als ältestes seiner Art in Sachsen befindet sich in Waschleithe, einem Ortsteil von Grünhain-Beierfeld in der Spiegelwaldregion. Schon über Tage wird der Gast eingeladen, sich auf eine bergbauliche Entdeckungsreise zu begeben.

Ein Blick in die Geschichte dieses Bergwerks erklärt, woher der Begriff „Fundgrube" ursprünglich stammt. Sie war eine erschlossene Grube, in der montane Schätze gefunden wurden, die zu bergen sich lohnte. In Waschleithe waren das um das Jahr 1700 Silber, Kupfer, Blei, Zinkblende und etwas Brauneisenstein. Später wurde auch weißer Marmor abgebaut. Wie aufwendig es war, das Erz vom Gestein zu trennen und welche Arbeitsschritte dafür notwendig waren, kann man in der bergmännischen Erlebniswelt anschaulich nachvollziehen. Die für Groß und Klein interessante Schaustrecke besteht aus mehreren Stationen. So gibt es neben dem Pochwerk und der Erzwäsche auch einen funktionstüchtigen Rennofen zu sehen, eine turmartige Einrichtung zur Gewinnung von Eisen. Derartige Öfen wurden schon vor über 3000 Jahren benutzt. In der Schmiede hat der Bergmann sein Werkzeug gehärtet und geschärft.

In dem 80 Meter tiefen ehemaligen Marmorstollen wird es nicht nur mystisch, sondern auch farbig. Neben smaragdgrünen Seen versetzen vor allem die fluoreszierenden Wände die Besucher in Staunen. In diesem Bergwerksabschnitt wurde eine Stelle von Scheelit (Wolfram) freigelegt. Das weißliche Mineral leuchtet blau, sobald es mit kurzwelligem UV-Licht in Berührung kommt. Während der Führung entlang des unterirdischen Weges geben noch weitere, im Erzgebirge vorkommende Schätze ihre verborgene Farbenpracht preis, wenn sie mit Schwarzlicht angestrahlt werden: Calzit, Flouris, Flussspat und Uranglas. Für Kinder ab 4 Jahre hält das Schaubergwerk besondere Angebote bereit. Mit Schlägel und Eisen können die kleinen Bergleute unter Tage ihr eigenes Stück Marmor aus dem Berg schlagen. Kann es ein schöneres Mitbringsel geben?

Schaubergwerk Herkules-Frisch-Glück, Am Fürstenberg 6,
08344 Grünhain-Beierfeld, Tel. (0 37 74) 2 42 52
www.schaubergwerk-waschleithe.de

Willkommen
in
Bergschmiede
Frisch
Glück
Fürstenberger

Es weihnachtet sehr

58 Der Schneeberger Weihnachtsmarkt

Sie gleichen sich und sind dennoch unverwechselbar – die Weihnachtsmärkte im Erzgebirge. Was alle eint, ist ihre Verspieltheit und ihre fantasiereiche, liebevolle Gestaltung. Jedes Jahr im Advent ziehen sie unzählige Besucher in ihren Bann. Und auf jedem der Märkte spürt man wie sonst nirgends den Bezug zum Bergbau, zu den Bergmännern, die sich nach dem Licht sehnten, wenn sie nach harter Arbeit aus den dunklen Schächten kamen. Pyramiden und allerlei Kerzen tragende Holzfiguren sorgten für Licht in den Stuben der Bergmannsfamilien. Lichterbögen erhellten die Fenster. Der Brauch hat die Zeit überdauert. Noch heute steht das Licht ebenso im Mittelpunkt wie der Bergmann, der im Brauchtum präsenter ist als das Christkind und der Weihnachtsmann.

TIPP

Zur Einkehr in zentraler Lage empfiehlt sich der historische Ratskeller Schneeberg am Markt.

Einer der beliebtesten und traditionsreichsten Weihnachtsmärkte wird in Schneeberg abgehalten. Die Freude ist groß, wenn der Bürgermeister am Freitag des ersten Wochenendes im Advent den Weihnachtsmarkt mit dem Pyramidenanschieben eröffnet. Am Samstag, Punkt 18 Uhr, wird *angelichtelt.* Dann erstrahlt die weihnachtlich geschmückte Stadt ebenso in hellem Lichterglanz wie die Weihnachtstanne auf dem Markt. Vom Turm der St.-Wolfgangs-Kirche verkünden Blechbläser den Beginn der Adventszeit. Von nun an bummeln täglich Besucher aus nah und fern über den Markt. Weihnachtliche Musik erklingt. Keramiktassen mit heißem Punsch wärmen kalte Hände. Vorsätze von kalorienarmer Ernährung schwinden dahin in den köstlichen Düften von Bratwürsten, Quarkkrapfen und gebrannten Mandeln.

Lang ersehnter Höhepunkt des Marktgeschehens ist am zweiten Adventswochenende der Bergaufzug mit der Bergbrüderschaft Schneeberger Bergparade und dem Musikkorps der Bergstadt Schneeberg. Am Sonntag vor Heiligabend geht der Weihnachtsmarkt mit einem Konzert des Musikkorps zu Ende. Alle Besucher sind dabei eingeladen, fröhlich mitzusingen. Zum Abschluss stimmen die Turmbläser vom Rathausturm herab die bevorstehende Weihnachtszeit ein.

● Schneeberger Weihnachtsmarkt, Markt, 08289 Schneeberg
www.bergstadt-schneeberg.de
● ÖPNV: Bus 359, 362, 364, 383, Haltestelle Warte

Raffiniert bestickt

59 Eibenstock und sein Schatzhaus

Das Schatzhaus Erzgebirge in der Stadt Eibenstock birgt wahre Schätze. Jedoch nicht von Gold, Silber oder Edelsteinen. Die hier gezeigten Schätze sind allesamt bestickt. Und das so meisterlich und mit verschiedenen Techniken, dass dem Betrachter die Augen übergehen. Der Besuch der Ausstellungen ist eine Bereicherung für die gesamte Familie. Neben einfachen, im 18. Jahrhundert verwendeten Gerätschaften werden auch Maschinen gezeigt, die im 19. Jahrhundert entwickelt wurden. Von der Handstickmaschine über die Schiffchenstickmaschine bis hin zum lochkartengesteuerten Automaten. Sie alle dokumentieren den rasanten technischen Fortschritt in diesem Gewerbe und sind beredtes Zeugnis für die sächsische Maschinenbaukunst. Bei Führungen kann man einige der Maschinen in Aktion erleben und erfährt interessante Details rund um die Stickerei.

In 2 Jahrhunderten und über die DDR-Zeit hinweg entwickelte sich in Eibenstock eine florierende Stickerei-Industrie. Alles begann, als der Bergbau im westlichen Erzgebirge Mitte des 18. Jahrhunderts drastisch zurückging. Eine Hungersnot brach aus. Viele Bergarbeiterfamilien trieb die Armut dazu, ihre Heimat zu verlassen. Andere blieben und suchten nach einer Alternative zum Gelderwerb. Die kam im Jahr 1775 mit Clara Angermann, einer jungen Polin. Sie brachte den Frauen und Mädchen das Tambourieren bei, das Sticken mit der Häkelnadel. Bezaubernde Spitzen und Borten entstanden, modische Accessoires für Bekleidung und Wohnung. Die Familien der Stickerinnen gelangten mit der Zeit zu Wohlstand. Eibenstock entwickelte sich zur Stickereistadt und machte die Erzeugnisse ihrer sich rasch entwickelnden Stickerei-Industrie weltweit bekannt. Eine Erfolgsgeschichte, die erst im Jahr 1989 ihr jähes Ende fand.

Neben der Stickerei zeigt das Schatzhaus Erzgebirge noch weitere Ausstellungen zum Bergbau, zur Stadtgeschichte und zur Volkskunst. Über die mechanischen Landschaften werden sich die kleinen Museumsbesucher ganz besonders freuen.

- Schatzhaus Erzgebirge, Bürgermeister-Hesse-Straße 7/9, 08309 Eibenstock www.schatzhaus-erzgebirge.de
- ÖPNV: Bus 351, Haltestelle Rathausberg; Bus 346, 371, Haltestelle Postplatz

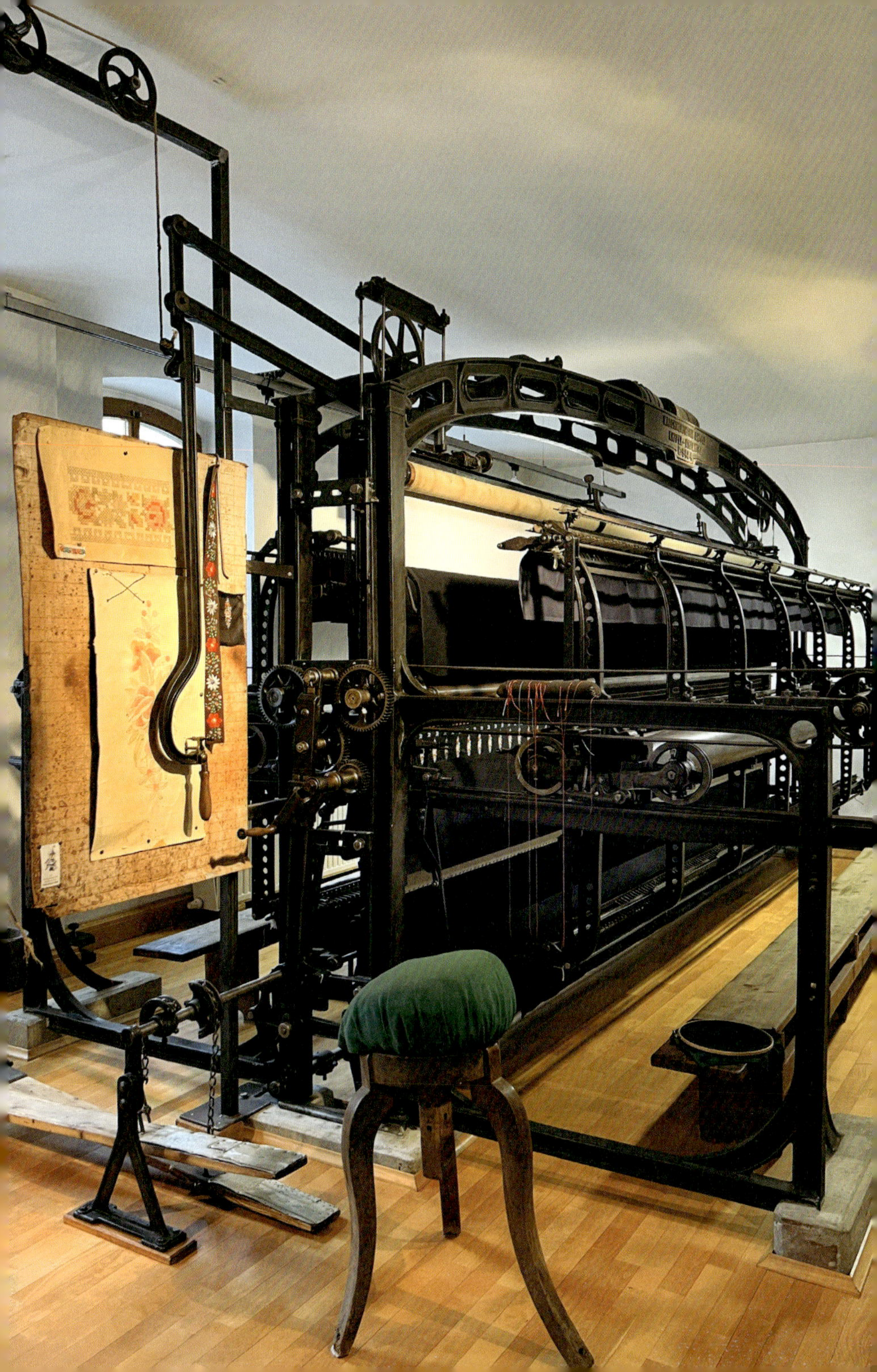

Gesattelt und losgeritten

60

Der Wanderreitbetrieb Thiele in Tannenberg

Zurück zur Natur! Nach diesem Motto gestalten immer mehr Menschen ihren Urlaub, ein Wochenende oder auch nur einen freien Tag. Wandern, schwimmen, radeln, klettern. Und was ist mit reiten? Auch wer noch nie im Sattel eines Pferdes gesessen hat, kann dieses Abenteuer wagen. Der Wanderreitbetrieb Katrin Thiele in Tannenberg ist einer von zahlreichen engagiert geführten Pferdehöfen im Erzgebirge. Behutsam werden Anfänger aller Altersgruppen an das Reiten herangeführt. Zunächst nehmen Mensch und Pferd den ersten Kontakt auf, dann wird geputzt und gesattelt und ab geht's ins Gelände. Natürlich unter sachkundiger Führung.

Besonders beliebt bei den Gästen des Reiterhofs sind Geländeritte, die stunden- oder auch tageweise angeboten werden. Die Umgebung von Tannenberg ist reich an Bachläufen, Berghängen, Felsformationen, Feldwegen und sagenhaften Weitblicken übers Mittelgebirge. Auch grenzüberschreitend sind die Wanderreiter unterwegs. Die Pferde kennen die Wege und sind deshalb leicht zu führen. Wanderungen hoch zu Ross, das ist für Pferde- und Naturfreunde ein nachhaltiges Erlebnis. Alle Pferde des Hofs werden speziell für das Wanderreiten gezüchtet und ausgebildet. Rasse oder „Adelsbrief" spielen dabei keine Rolle. Was zählt, sind Nervenstärke, Einsatzbereitschaft und Gutmütigkeit der Vierbeiner. Das spüren die Reiter, das schafft Vertrauen und lässt Pferd und Reiter schnell Freunde werden.

TIPP

Übernachten und typisch erzgebirgisch speisen kann man im Landhotel Zum Hammer.

Begonnen hat alles mit der Sanierung eines baufälligen LPG-Kuhstalls im Jahr 1995. „Damals gab es viel Aufregung und Skepsis im Dorf, weil wir das Stallgebäude für unsere Pferde zu einem tiergerechten Pferde-Offenstall umgebaut haben", erzählt Katrin Thiele. „Und weil unser Baustoff simpler Lehm war." Mit viel Mühe und Liebe entstand aus dem Dreiseitenhof von 1690 ein moderner Reiterhof. Katrin Thiele ist stolz auf das Erreichte. Weil sie damit für sich, für ihre Familie und für die Gäste des Reiterhofs eine naturverbundene Oase geschaffen hat.

- Wanderreitstation Katrin Thiele, Untere Dorfstraße 41, 09468 Tannenberg
  www.wander-reiten.net
- ÖPNV: Bus 413, 432, Haltestelle Tannenberg Ost

Unter Tage verzaubert

61 Im Silberbergwerk Reiche Zeche in Freiberg

Der Silberbergbau im Erzgebirge schenkte den Wettinern – dem sächsischen Herrschergeschlecht – für Jahrhunderte unermesslichen Reichtum. Markgraf Otto I. ließ Mitte des 12. Jahrhunderts große Teile des Dunkelwaldes roden und gab Hunderttausenden, vorwiegend fränkischen Bauern, Land zum Siedeln. Zahlreiche Dörfer entstanden. Und als im Jahr 1168 Fuhrleute bei Christiansdorf einen Silbererzgang entdeckten, brachte der kluge Markgraf den freien Silberbergbau in Gang. Aus Christiansdorf wurde die Stadt Freiberg, die über 800 Jahre das Zentrum des Silberabbaus im Erzgebirge war. Die Himmelfahrt Fundgrube mit dem Schacht Reiche Zeche zählte zu den modernsten Bergwerken Europas. Die Schächte erreichten eine beachtliche Tiefe bis annähernd 750 Meter.

Heute befindet sich hier ein Forschungs- und Lehrbergwerk mit angeschlossenem Besucherbetrieb. Es ist ein Labyrinth unter der Bergstadt. Wer den Spuren des früheren Bergbaus bei einer Führung folgen möchte, schlüpft zuerst in die vorgeschriebene Schutzkleidung, einschließlich Gummistiefel und Helm mit Stirnlampe. Wie angebracht diese Montur ist, zeigt sich, wenn der Förderkorb in 150 Meter Tiefe ankommt: Pfützen zwischen den Schienen, auf denen die Förderwagen fuhren, rieselndes Wasser an den Steinwänden, die Luft ist kalt und feucht. Man fragt sich, wie die Bergleute ihrem Knochenjob hier 8 Stunden und mehr nachgehen konnten. Es ist unheimlich und zugleich faszinierend. Manche der angestrahlten Wände schimmern rot, blau, gelb oder zartgrün, je nachdem, welche Minerale sich dort zeigen. Die Besucher können aus einem interessanten Führungsangebot wählen. Es gibt die 2,5-Stunden-Erlebnistour, die 2-Stunden-Forschertour, die 2,5-Stunden-Sagentour und die Expertentour über 5 Stunden. Das Besondere des Freiberger Silberbergwerks ist sein original erhaltener Zustand. Nach umfangreichen Bauarbeiten wird der reguläre Besucherbetrieb im Bergwerk voraussichtlich im Jahr 2024 wieder aufgenommen werden. Bis dahin gibt es Führungen über Tage.

- Silberbergwerk Freiberg, Fuchsmühlenweg 9, 09599 Freiberg, Tel. 0 37 31 (39 45 71) www.silberbergwerk-freiberg.de
- ÖPNV: Bus D, Haltestelle Fuchsmühlenweg/Reiche Zeche

Gigantisch vorgesorgt

62

Das Niedere Kornhaus in Zwickau

Wenn man eine Stadt zum ersten Mal besucht, lenkt man seine Schritte gern in Museen, Kirchen, Parks und Gärten. In Zwickau lohnt der Weg zu einem Gebäude, das trotz seiner vormals profanen Nutzung zu einem Denkmal von nationaler Bedeutung geworden ist und von wechselhafter Geschichte zeugt: das Niedere Kornhaus.

In den Jahren 1480/81 hatte es der damalige Amtshauptmann und Wohltäter Martin Römer errichten lassen und der Stadt Zwickau als Speicher übereignet, der zum Wohlstand und zur Versorgungssicherheit der Zwickauer Bürger beitragen sollte. Der 64 Meter lange, circa 19 Meter breite und 28 Meter hohe Bau besaß ursprünglich sechs Speicherböden. Fünf blieben in dem spätgotischen Dachwerk bis heute erhalten. Das seinerzeit gewaltige Fassungsvermögen des vorwiegend für Getreide genutzten Speichers ermöglichte der Stadt Zwickau, seine Einwohner auch in Notzeiten mit Brot zu versorgen. Wegen seiner durchdachten Konstruktion ist der riesige Dachstuhl des Speichers einmalig. Doch auch sein Unterbau ist beachtlich. Die südliche Außenwand ist 1,80 Meter dick. Die nördliche Außenwand, die gleichzeitig der Verteidigung diente und Teil der Stadtbefestigung war, weist sogar eine Dicke von 2,20 Metern auf. Steht man vor dem Respekt einflößenden Gebäude, drängt sich zwangsläufig die Frage auf, wie eine so gewaltige, funktional ausgeklügelte Dachkonstruktion vor mehr als 540 Jahren möglich war.

Heute gilt der Speicher als größter und aufwendigster Kornhausbau Sachsens und sucht in Deutschland seinesgleichen. Noch bis ins 19. Jahrhundert hinein diente er als Getreidespeicher. Ab dem Jahr 1835 war er Teil der Strafanstalt Schloss Osterstein. In der DDR-Zeit verfiel das Bauwerk zusehends, wurde aber nicht abgerissen. Zum Glück! Nach umfassender Sanierung konnte es im Jahr 2014 seiner neuen Nutzung zugeführt werden. Zur Freude nicht nur der Zwickauer Bürger zog eine moderne öffentliche Bibliothek, unter anderem mit einem großen Bestand an Büchern zur Regionalgeschichte, ein.

- Niederes Kornhaus, Katharinenstraße 44 a, 08056 Zwickau
- ÖPNV: Straßenbahn 3, 4, Bus 13, 14, 21, 23, 29, 141, Haltestelle Neumarkt

Weihnachtliches Neunerlei

63 Im Ratskeller Zum Neinerlaa in Annaberg-Buchholz

Im Erzgebirge gibt es eine Tradition, die noch heute in vielen Familien gepflegt wird: das Neunerleiessen vor oder nach den Feiertagen. Das Erzgebirge war in früheren Jahrhunderten trotz reicher Bodenschätze immer eine arme Gegend. Umso größer war der Wunsch der Menschen, im neuen Jahr möge es ihnen besser ergehen. Dieser Hoffnung gaben sie in Form eines gemeinsamen Essens Ausdruck. Und da die Familie oft groß und die Speisekammer spärlich gefüllt war, sparte die Hausfrau das Geld zusammen, um jedem ihrer Lieben an diesem besonderen Tag einen Teller vorsetzen zu können, auf dem eine kleine Kostprobe von neun Speisen lag. Jede dieser Speisen stand für einen Wunsch im neuen Jahr: Selleriesalat für Fruchtbarkeit und Potenz. Rote Bete für Schönheit. Semmelmilch für ein rundherum gutes Jahr. Bratwurst für ein langes Leben. Linsen für immer genügend Kleingeld in der Tasche. Klöße für das große Geld. Ein Bratapfel für Gesundheit. Und in der Tellermitte lag ein Stück Fleisch, das ganz allgemein als Glücksbringer wirken sollte. Gans, Ente oder Rind – je nachdem, was man sich leisten konnte.

Im Ratskeller Zum Neinerlaa am Markt in Annaberg-Buchholz kann man sich den reich bestückten Neunerlei-Teller heute das gesamte Jahr hindurch schmecken lassen. Und das in einer gemütlichen Gaststube mit Balkendecke, rotbraunem Mobiliar und schmiedeeisernen Kronleuchtern. Auf den Fensterbrettern stehen erzgebirgische Nussknacker und Räuchermänner. Dem Wirt sei verziehen, dass er die Tradition bricht, wenn er die Spezialität nicht nur zur Weihnachtszeit, sondern ganzjährig serviert. Ermöglicht er doch damit den Gästen aus nah und fern, die regionale Köstlichkeit zu jeder Jahreszeit zu probieren und hält das Brauchtum lebendig. Denn fast schien es, als sei das Neinerlaa in Vergessenheit geraten. Umso erfreulicher ist, dass die Tradition in zahlreichen Familien im Erzgebirge wieder aufgegriffen und an die nachfolgende Generation weitergegeben wird.

● Ratskeller Zum Neinerlaa, Markt 1, 09456 Annaberg-Buchholz, Tel. (0 37 33) 67 94 09, www.zum-neinerlaa.de
● ÖPNV: Bus A, B, C, D, Haltestelle Markt

Pfeffer
Salz

Mal Dampf ablassen

64

Im Eisenbahnmuseum Schwarzenberg

Echte Dampflokomotiven in Aktion zu sehen, lässt nicht nur die Herzen begeisterter Eisenbahnfans höherschlagen. Auch wer den dampfenden Schwergewichten zufällig begegnet, kommt nicht umhin, sie zu bestaunen und ihnen Respekt zu zollen. Inzwischen hat jede dieser schwarz-roten Schönheiten ihren historischen Wert und befindet sich meist in der Obhut und Pflege erfahrener Eisenbahnfreunde und ihrer Vereine.

Doch nicht jeder Verein hat den erforderlichen Platz zur Aufbewahrung und musealen Bereitstellung von Dampflokomotiven. Dieses Problem hat der Verein Sächsischer Eisenbahnfreunde e. V. bereits Anfang der 1990er-Jahre gelöst. Die Wahl fiel auf das nicht mehr genutzte Bahnbetriebswerk in Schwarzenberg. Innerhalb von 7 Jahren wurden nach und nach die Gleisanlagen, der Lokschuppen und dessen Umgebung instand gesetzt. Seitdem wird die gesamte Anlage museal genutzt. Die vom Verein erworbenen Fahrzeuge werden den Besuchern im Originalzustand präsentiert. Darunter sieben Dampflokomotiven aus den Baujahren 1920 bis 1956. Alle sind sie wertvolle Zeitzeugen der rasanten technischen Entwicklung in den vergangenen 100 Jahren. Die Führerstände einiger Dampfloks im Lokschuppen sind für die Besucher begehbar. Ebenfalls im Lokschuppen können Dieselloks, Rangierloks sowie historische Personen- und Güterwagen besichtigt werden. Auch ausgefallene Nebenfahrzeuge wie der Schienentrabant GKR 1 sind zu sehen.

Auf reges Interesse stößt die Drehscheibe im Außengelände. Bei einer Führung können neben der historischen Werkstatt und dem Kesselmodell einer Dampflokomotive auch die Treibachse einer Dreizylinderlok und ein musealer Bahnsteig mit Wartehalle besichtigt werden. Der Verein informiert regelmäßig zu Veranstaltungen und Konzerten im Lokschuppen sowie zu den beliebten Sonderfahrten, bei denen die Dampfloks zum Einsatz kommen. Der Altenburger Bierexpress und die Lichterfahrt durchs weihnachtliche Erzgebirge stehen nicht nur in der Gunst der Eisenbahnfreunde ganz oben.

- Eisenbahnmuseum Schwarzenberg, Schneeberger Straße 60, 08340 Schwarzenberg, Tel. (0 37 74) 1 60 98 90 www.vse-eisenbahnmuseum-schwarzenberg.de
- ÖPNV: Bus B, Haltestelle Zum Eisenbahnmuseum; Bus 415, Haltestelle Sachsenfeld

107 018-4

Verborgene Schätze

65 Die terra mineralia in Freiberg

Nicht nur passionierte Steinsammler und Liebhaber geologischer Schätze zieht es in die Bergbaustadt Freiberg. Hier kann man sein Wissen über Bergbau und Minerale in hochkarätigen Ausstellungen erweitern. Kein Wunder, denn die Stadt besitzt mit der heutigen Technischen Universität Bergakademie Freiberg die älteste noch bestehende montanwissenschaftliche Bildungseinrichtung der Welt. Am Ende des Siebenjährigen Krieges lag Sachsen am Boden und schrie förmlich nach wirtschaftlichem Aufschwung. In Dresden genehmigte man die Mittel zur Errichtung einer metallurgischen und chemischen Schule. Der Grundstein für die spätere Bergakademie war gelegt.

Im aufwendig sanierten Schloss Freudenstein ist eine wahre museale Kostbarkeit zu sehen, die ständige Ausstellung terra mineralia. Besucher erhalten Informationen über Mineraleigenschaften, Entstehungs- und Umwandlungsvorgänge bis hin zur Verwendung der Minerale. In 140 Vitrinen können Schätze aus dem Inneren der Erde und dem Weltall bestaunt werden. Modernste Technik setzt die Minerale ins rechte Licht. Sie glitzern und strahlen und begeistern durch ihre Vielfalt an Form und Farbe. Die Schatzkammer im Erdgeschoss möchte man gar nicht mehr verlassen, so faszinierend ist ihr Bestand an Edelsteinen und seltenen Meteoriten. Im unteren Teil des Schlosses werden in einem historischen Kreuzgewölbe die schönsten Gesteins- und Mineralstufen gezeigt. Das Gewölbe besticht durch seine Ursprünglichkeit. Hier und da schimmert die frühere Bemalung durch, was dem Raum eine ganz eigene, fast schon mystische Atmosphäre verleiht. Nicht weniger beeindruckend ist das Wissenschaftszentrum. An modernsten Forschungsgeräten kann man selbst gefundene Steine bestimmen lassen. Spätestens hier wird klar, dass Mineralogie und Geologie keine trockenen Wissenschaften sind. Und vielleicht gibt der Ausstellungsbesuch jungen Leuten sogar den Anstoß, sich für ein Studium an der Bergakademie Freiberg zu interessieren.

- Mineralienschau terra mineralia, Schlossplatz 4, 09599 Freiberg, Tel. (0 37 31) 39 46 54, www.terra-mineralia.de
- ÖPNV: Bus B, 745, 747, 749, 750, Haltestelle Schlossplatz

Kleiner Baum ganz groß

66 Beim Spanbaumstecher Falko Beyer in Seiffen

Er kann es. Von winzig klein über normal bis riesengroß. Falko Beyer ist ein Meister des Spanbaumstechens. Für Gäste, die den Kurort Seiffen besuchen und sich für erzgebirgische Holzkunst begeistern, ist Falko Beyers Werkstatt auf dem Glashüttenweg eine echte Schatztruhe. Dort kann man ihm bei der Arbeit über die Schulter schauen und so einiges über sein Kunsthandwerk erfahren.

Vor über 100 Jahren haben Holzspielzeugmacher aus dem Erzgebirge die spezielle Technik des Spanbaumstechens entwickelt. Die Sache sieht einfacher aus, als sie ist. Nur wer genau hinschaut, erkennt, wie viel Geschick, Geduld, Erfahrung und Übung die Herstellung eines Spanbaums erfordert, von der ruhigen Hand des Meisters ganz zu schweigen. Da ist zunächst der gedrechselte Rohling aus Lindenholz. Mit einem Stech- beziehungsweise Stemmeisen werden immer größere Späne zur Spitze geschoben. Bei einem etwa 30 Zentimeter großen Baum mit acht Spanreihen zu je 15 Spänen macht das 120 Späne. Bricht ein Span, war alle Arbeit umsonst. Deshalb ist jeder Spanbaum, egal welcher Größe, ein wahres Kunstwerk. Falko Beyer passieren solche Patzer kaum noch. Als er 14 Jahre alt war, lehrte sein Vater ihn das Spanbaumstechen, das ihn von Kindheit an fasziniert hat. Schließlich machte er seine Leidenschaft zum Beruf und gründete im September 1997 die eigene Spanbaumstecherei.

Mittlerweile ist Falko Beyer ein „alter Hase" in seinem Handwerk. Neben Miniaturbäumen von 4 Zentimetern wagt er sich auch an Respekt einflößende 1,50 Meter große Maxi-Bäume. Eine bunte Auswahl seiner Arbeiten kann im Ausstellungsbereich der Werkstatt besichtigt werden. Mittlerweile hat Falko Beyer zahllose winterliche und weihnachtliche Motive arrangiert. Hübsche kleine Spanbäume in Gemeinschaft mit Holzfiguren als Tisch- und Zimmerschmuck. Gern zeigt er Gästen Proben seiner jahrzehntelangen Arbeit. Er ist stolz auf das, was er mit seiner Hände Arbeit schafft, weil er weiß, dass er mit seinen filigranen Bäumen und Bäumchen viele Menschen glücklich macht.

- Falko Beyer, Glashüttenweg 29, 09548 Seiffen
  www.spanbaum-beyer.de
- ÖPNV: Bus 453, 737, Haltestelle Freilichtmuseum (ca. 1 Kilometer Fußweg)

Mit Kräutern laboriert

67

Das Laborantendorf Bockau

Wäre es nicht wunderbar, gemächlich durch ein typisches Erzgebirgsdorf zu spazieren und dabei Interessantes vom Leben der Bewohner früherer Zeiten zu erfahren? Vieles vom einstigen Dorfleben, in dem der Mensch noch in Symbiose mit der Natur lebte, hat unsere moderne Gesellschaft aufgezehrt. Deshalb sind Orte und Gemeinden, die sich um den Erhalt ihrer dörflichen Spuren bemühen und sie wertschätzen, besonders bereichernd. So auch das einstige Waldhufendorf Bockau im Westerzgebirge. Ein Erlebnispfad führt um das Dorf herum. An 14 Standorten wird auf typische Lebensräume aufmerksam gemacht: Dorfbach, Trockenmauer, Wiese und Obstgarten am Haus, Scheune, Hecke, Holzzaun und anderes mehr. Vor dem Gemeindeamt befindet sich ein artenreicher Kräutergarten mit einer bis zu 3 Meter hohen Angelikapflanze.

TIPP

Unweit von Bockau lädt das Rechenhaus zur Einkehr ein.

Der heutige Erholungsort hat gute Gründe, Laborantendorf des Erzgebirges genannt zu werden. Bereits im 15. Jahrhundert entwickelte sich in Bockau ein reges Laborantenwesen. Der feldmäßige Anbau und die sachgerechte Verarbeitung von Heilkräutern wurden zur wichtigen Erwerbsquelle. Arzneihändler reisten durch ganz Europa. Und wer es verstand, diverse Tinkturen, Arzneien und Salben herzustellen, dem war auch die Kunst des Destillierens nicht fremd. Kräuterliköre aus Bockau waren weithin bekannt und begehrt. Auf dem Laborantenlehrpfad entlang der Hauptstraße erfährt man, dass es noch im 19. Jahrhundert 21 Likörproduzenten in Bockau gab. An den Häusern der damaligen Laboranten sind Lehrtafeln angebracht. Nur eine Produktionsstätte ist davon erhalten geblieben, die von Traugott Heinrich Friedrich. Hier kann man gelegentlich die hochprozentigen Köstlichkeiten probieren.

Um danach wieder einen klaren Kopf zu bekommen, empfiehlt sich eine Wanderung in die waldreiche Bockauer Umgebung. Zum Beispiel zur Miniaturschauanlage Gretels Ruh. Einst genoss die Tochter des Oberförsters an dem plätschernden Bach die herrliche Ruhe. So entstand der Name, der sich bis heute erhalten hat.

- Laborantendorf, 08324 Bockau
  www.bockau.de
- ÖPNV: Bus 367, 379, Haltestelle Sachsenhof

Auszeit mit Genuss

68

Das Naturhotel Gasthof Bärenfels

Ein Glücksort gleichermaßen für Tagesausflügler wie für Erholung suchende Urlauber ist das Naturhotel Gasthaus Bärenfels. Die Geschichte des Hauses geht auf das Jahr 1672 zurück. Damit zählt es zu den ältesten Gasthäusern im Erzgebirge. Die Chronik berichtet, Kurfürst Georg II. – Großvater von August dem Starken – habe die Einrichtung eines ordentlichen Gasthauses genehmigt. Jedoch mit der Maßgabe, nur Bier, Fleisch und Wildbret aus der Region zu verkaufen, um der Wirtschaft dieses Wettinischen Landstrichs etwas auf die Beine zu helfen. In das alte Gutshaus zog die Verwaltung des osterzgebirgischen Forstreviers ein. Davon profitierte das Gasthaus ebenso wie von den kurfürstlichen Jagden und den Durchreisenden, die hier Station machten.

Seinen nachhaltigsten Aufschwung erlebte das Gasthaus mit der Eröffnung der Weißeritztalbahn im September 1883. Von da an ging es steil bergauf, was man wörtlich nehmen kann, denn von Kipsdorf hinauf nach Bärenfels führt ein steiler Wanderweg. Ausflügler und sogenannte Sommerfrischler kamen jetzt in Scharen in die waldreiche Gegend. Bärenfels entwickelte sich mit seiner Lage von 700 Metern über Normalnull zu einem beliebten Luftkurort und das Gasthaus zu einer gern besuchten Lokalität. Nach 1998 erfolgte die Ausrichtung des Hauses zum Naturhotel mit allen seinen Vorteilen für den naturverbundenen Gast. Das Wildbret kommt aus heimischen Wäldern, das Lammfleisch von der Schäferei Drutschmann aus Reichstädt, der Frischfisch von der Forellenzucht Richter in Schmiedeberg. Wer das Gasthaus Bärenfels betritt, fühlt sich gleich willkommen.

TIPP

Im Kurpark von Bärenfels gibt es seit 1947 ein Glockenspiel aus Meissener Porzellan.

Der Gastraum ist ein riesiger Wintergarten mit Panoramablick. Im Sommer wird im Biergarten gegrillt, im Winter in der Spitzberg-Event-Grillhütte. In der Adventszeit finden mehrere für das Erzgebirge typische Hutzennachmittage statt. Stilvoll eingerichtete Ferienzimmer und der moderne Wellness- und Beautybereich runden das Wohlgefühl in dieser liebevoll von der Familie Kempe geführten Lokalität ab.

- Naturhotel Gasthof Bärenfels, Alte Böhmische Straße 1, 01773 Altenberg (OT Bärenfels), www.naturhotel-baerenfels.de
- ÖPNV: Bus 367, Haltestelle Bärenfels Parkplatz; Weißeritztalbahn, Haltestelle Kipsdorf Bahnhof (ca. 1,5 Kilometer Fußweg)

Sprudelnder Gedenkstein

69 Der Wettinbrunnen bei Rittersgrün

Ein beliebtes Wandergebiet im oberen Erzgebirge ist die Gegend um Breitenbrunn nahe der tschechischen Grenze. Die aus sieben Ortsteilen bestehende Gemeinde nennt sich stolz „Kristall des Erzgebirges“. Weite Felder, Wiesen und Fichtenwälder verbinden die einzelnen Dörfer miteinander. Zwischen ihnen und um sie herum gibt es moderate, gut ausgeschilderte Rad- und Wanderwege. Ein Paradies für Naturfreunde und für Familien, die ihre Urlaubsregion aktiv erkunden möchten.

Ein gern gewählter Wanderweg ist nach dem legendären Sänger und Volksliedddichter Anton Günther benannt. Der 56 Kilometer lange, grenzüberschreitende Weg führt unter anderem am Wettinbrunnen vorbei, ein über 100 Jahre altes Denkmal. Grund genug, hier eine Rast einzulegen und von einer der Bänke aus den Brunnen zu betrachten. Er steht nicht nur für geballte sächsische Geschichte, sondern auch für die Wettiner, jenem deutschen Adelsgeschlecht, das am längsten ununterbrochen regierte. Das aus Steinen errichtete, nach oben sich verjüngende Monument thront in einem Wasserbecken. Auf seiner abgeflachten Spitze plätschert ein kleines Wasserspiel mit drei tellerförmigen Etagen, ähnlich einer Weihnachtspyramide. Im unteren Teil sind auf einer Tafel die Buchstaben H und A zu lesen. Das H steht für Heinrich I. von Eilenburg. Er trat im Jahr 1089 als Markgraf von Meißen die Herrschaft im meißnisch-sächsischen Land an. Das A steht für König Albert, der zu der Zeit regierte, als die Wettiner im Jahr 1889 ihr 800-jähriges Bestehen feierten. Dieses bedeutsame Ereignis war der Anlass zum Bau des Brunnens. Doch mit der Zeit geriet er in Vergessenheit und war alles andere als ein Ort, den man gern besucht. Nach 1990 nahm sich der Erzgebirgsverein Rittersgrün des zerfallenen Denkmals an und veranlasste eine grundlegende Erneuerung der gesamten Brunnenanlage. Im September 1992 wurde der sanierte Wettinbrunnen feierlich eingeweiht und im Jahr 1995 mit dem Anton-Günther-Wanderweg verbunden.

● Wettinbrunnen, Alte Tellerhäuser Straße, 08359 Breitenbrunn (OT Rittersgrün)

Verschwundenes Handwerk

70 Das LOHGERBER MUSEUM in Dippoldiswalde

Das Museum ist einmalig in Europa und schon deshalb besonders interessant für Menschen, die gern Verschwundenem nachspüren. Wer in Dippoldiswalde, nicht weit vom Bahnhof entfernt, vor dem bescheidenen, aus barocken Zeiten stammenden Haus steht, ahnt nicht, welch historische Seltenheit sich hinter seiner Fassade befindet. Umso größer ist das Erstaunen, wenn man das originalgetreu rekonstruierte ehemalige Wohnhaus der Lohgerberfamilie Ulbrich betritt.

Auf drei Etagen wird anschaulich demonstriert, unter welchen Bedingungen die Familie damals diese körperlich schwere Arbeit verrichtet hat. Die Lohgerberei war für ihre Betreiber ein hartes Brot. Der Lohgerber verarbeitete Rinderhäute zu kräftigen, strapazierfähigen Ledern, die vor allem für Stiefel, derbe Schuhsohlen und Pferdesättel benötigt wurden. Anhand eindrucksvoller Objekte können Besucher den komplexen Herstellungsprozess Schritt für Schritt nachvollziehen. Von der Wasser- und Gerberwerkstatt über die Zurichtstube bis hin zum Trockenboden, dem Lederlager und der Gesellenkammer.

Was heute durchweg maschinell geschieht, erfolgte noch bis zum Ende des 19. Jahrhunderts in mühsamer Handarbeit. Am Ende des Rundgangs zieht man unwillkürlich den Hut vor den Menschen, die von der Lohgerberei lebten. Doch halt! Das Museum hat noch mehr zu bieten. Die Ausstellungen zur Bildenden Kunst im Erzgebirge und zur Stadtgeschichte von *Dipps,* wie die Einheimischen ihre Stadt kurz und bündig nennen, sind ebenso sehenswert. Erstere zeigt vor allem Gemälde mit Menschen und Landschaften aus der Region. Letztere erklärt unter anderem, wie die Stadt zu ihrem ungewöhnlichen Namen kam und dass Dippoldiswalde zu Recht als Tor zum Osterzgebirge bezeichnet wird. Und weil das so ist, brilliert auch dieses Museum in der Adventszeit mit einer liebevoll gestalteten Weihnachtsausstellung, die nicht nur die Augen der kleinen Museumsbesucher leuchten lässt.

- LOHGERBER MUSEUM & GALERIE Dippoldiswalde, Freiberger Straße 18, 01744 Dippoldiswalde, www.lohgerbermuseum.de
- ÖPNV: Bus 361, Haltestelle Freiberger Straße (Museum)

Bei glücklichen Schafen

71 Die Spinnstube Drutschmann in Reichstädt

„Du spinnst!“ Dieser Ausspruch gilt allgemein als beleidigend. Nicht so in der Schäferei Drutschmann in Reichstädt. Wird in der Spinnstube, die sich in der Wollscheune befindet, gesponnen, entsteht etwas Handfestes: Wolle zum Stricken, Häkeln oder Filzen. Und das nicht etwa hinter verschlossenen Türen. Neugierige Gäste sind bei der Familie Drutschmann jederzeit willkommen. Egal ob man den Hofladen oder den Kreativbereich besucht, am Ende staunt man darüber, was rund ums Schaf alles möglich ist.

Der anerkannte Öko-Betrieb züchtet neben Merinoschafen und Suffolks auch die vom Aussterben bedrohten Skudden, die kleinste deutsche Schafrasse. Die artgerechte Haltung und das Wohlbefinden ihrer Tiere liegen den Drutschmanns besonders am Herzen. Sie mästen die Lämmer nicht im Stall, sondern lassen sie auf artenreichen Wiesen gedeihen. Im Hofladen des Familienbetriebs gibt es neben selbst Hergestelltem auch Produkte regionaler Partner, unter anderem Kräutertees, Wildfruchtaufstriche, Bio-Honig, verschiedene Fruchtsäfte und neuerdings auch Gartenwolle zum Düngen und Mulchen.

In der Wollscheune gehen Menschen, die Handarbeiten lieben, die Augen über, und in manch einem erwacht beim Anblick der mit farbenprächtiger Wolle gefüllten Regale die Lust, Schönes zu entdecken oder selbst zu schaffen. Man sieht den aus gefärbter Schafwolle gefertigten Mützen, Schals, Hand- und Hausschuhen, Kissen und Babyschlafsäckchen an, dass sie kuschelig warmhalten. Steigender Nachfrage erfreuen sich auch die Kreativkurse für Einzelpersonen, bei denen sich Alt und Jung im Weben, Spinnen, Filzen, Flechten oder Färben versuchen können. Mit Schul- und Vorschulkindern werden Projekttage gestaltet. Zwischen 16 verschiedenen Exkursionen beziehungsweise interaktiven Themen kann ausgewählt werden. Darunter „Mit der Schäferin auf den Wiesen im Osterzgebirge“, „Vom Schaf zur Wolle“ und „Spindelbau und Fadenspiel“. Für angemeldete Gruppen gibt es auch Schauvorführungen bei Kaffee und Kuchen.

- Schäferei und Spinnstube Drutschmann, Am Dorfbach 10, 01744 Dippoldiswalde (OT Reichstädt), www.schaeferei-drutschmann.de
- ÖPNV: Bus 362, 380, 382, Haltestelle Reichstädt Unterer Gasthof

Faszination Raumfahrt

72 Deutsche Raumfahrtausstellung in Muldenhammer

Der Traum der Menschen, die Erde zu verlassen, ist uralt. Am 26. August 1978 ging dieser Traum für den ersten deutschen Kosmonauten in Erfüllung: Sigmund Jähn. 7 Tage verbrachte er mit Waleri Bykowski in dem Orbitalkomplex Saljut 6 und führte während der 124 Erdumkreisungen 22 Experimente durch. Unter anderem mit der in der DDR entwickelten Multispektralkamera. Um daran zu erinnern und gleichzeitig den Fortschritt in der internationalen Raumfahrt anschaulich zu dokumentieren, wurde im Juni 2007 in Morgenröthe-Rautenkranz, dem Geburtsort Sigmund Jähns, die Deutsche Raumfahrtausstellung eröffnet. Ihr Anliegen ist es, einer breiten Öffentlichkeit den Nutzen der Weltraumforschung für die Menschheit nahezubringen. Obwohl der Standort das Erzgebirge um Haaresbreite verlässt und zum Vogtlandkreis zählt, sollte man sich die bedeutsame Ausstellung nicht entgehen lassen.
Im Außengelände des modernen Gebäudes informiert ein Planetenpark über die Planeten unseres Sonnensystems. Kinder wird vor allem der Raumfahrtspielplatz begeistern. Hier können sie Kraft, Ausdauer und Geschicklichkeit üben. In den einzelnen Ausstellungsräumen wird die Begeisterung der Besucher für die Raumfahrt entweder geschürt oder gedämpft. Auf jeden Fall wird sie anhand faszinierender Modelle, authentischer Objekte, Fotos und Berichte auf den Boden der Realität geholt. In der großen Halle sind das Basismodell der MIR und eine ARIANE-Landekapsel zu sehen. Beide zeigen, dass die Kosmonauten auf engstem Raum gelebt und gearbeitet haben. In weiteren Teilen der Ausstellung stehen die bemannte und die unbemannte Raumfahrt im Mittelpunkt. Ein Raum erinnert an Dr. Sigmund Jähn, der einmal sagte: „Bereits vor meinem Flug wusste ich, dass unser Planet klein und verwundbar ist. Doch als ich ihn in seiner unsagbaren Schönheit und Zartheit aus dem Weltraum sah, wurde mir klar, dass die wichtigste Aufgabe der Menschen ist, ihn für zukünftige Generationen zu hüten und zu bewahren."

- Deutsche Raumfahrtausstellung, Dr.-Sigmund-Jähn-Straße 4, 08262 Muldenhammer (OT Morgenröthe-Rautenkranz) www.deutsche-raumfahrtausstellung.de
- ÖPNV: Bus 22, Haltestelle Rautenkranz Raumfahrtmuseum

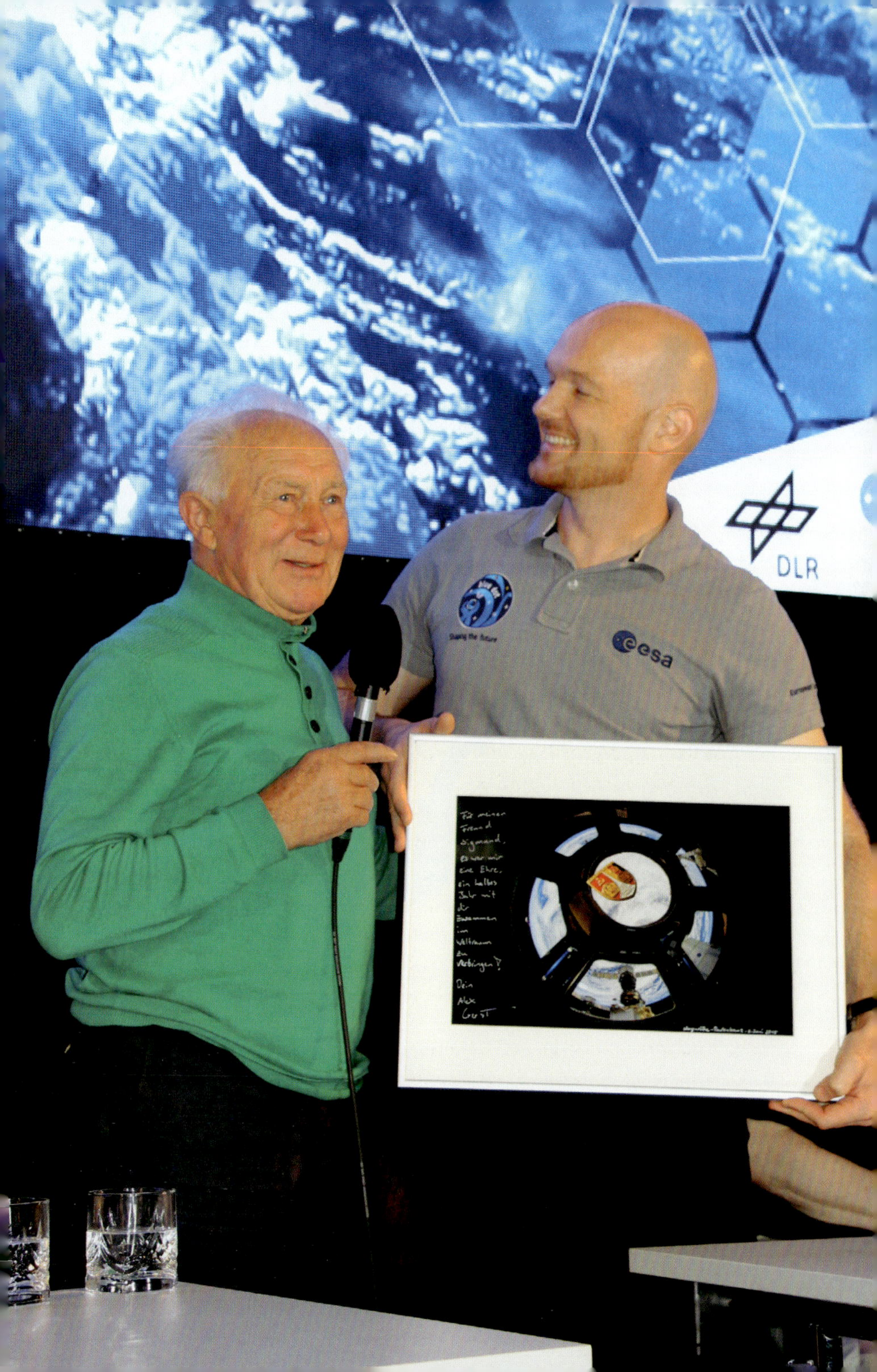
DLR
esa

Selbst geschmiedetes Glück

73

In der Saigerhütte Grünthal in Olbernhau

Mit enormer Wucht fällt der Kupferhammer auf den Amboss. Das Kupferstück auf ihm ist danach dünn wie ein Blech. Kein Wunder, denn der Breithammer in der Saigerhütte Grünthal wiegt stolze 6 Zentner. Während einer Führung durch das älteste funktionstüchtige Kupferhammerwerk Deutschlands wird den Besuchern nicht nur der Hammer vorgestellt, sie erfahren darüber hinaus auch interessante Details. Alles in dem historischen Hammerwerk funktioniert noch so wie vor fast 500 Jahren. Das Saigerverfahren ist ein komplizierter, mehrstufiger Schmelzprozess. Erstaunlich, dass es an diesem Ort bereits im Jahr 1537 zur Entsilberung von silberhaltigem Schwarzkupfer angewendet wurde. Eine Meisterleistung der Buntmetallurgie.

Das qualitativ hochwertige Dachkupfer aus Grünthal war weltweit begehrt. Die Dresdner Frauenkirche, das Ulmer Münster, der Stephansdom in Wien und über 400 weitere Bauwerke wurden mit Grünthaler Kupfer gedeckt. Seinerzeit entstand in dem Ort eine kleine, in sich geschlossene, teilweise noch immer ummauerte Industriegemeinde mit 22 funktional miteinander verbundenen Gebäuden. Unter ihnen das Herrenhaus, Reste der Schmelzhütte, die Hüttenschänke und die Wohnhäuser der Arbeiter. Heute ist der Denkmalkomplex ein Freizeitparadies. Zu ihm gehören das Museum Saigerhütte in historischen Gebäuden, das Kraftwerk, die Hüttenschänke, das Brauhaus, eine Bowlingbahn, ein Kinderspielplatz und ein Park.

Der Rundgang durch die weitläufige Anlage ermöglicht den Besuchern einen Einblick in die Technik, Geschichte und historisch-soziale Struktur eines jahrhundertealten metallurgischen Betriebes. Der Kupferhammer ist überdies eine echte Glücksschmiede. Egal welches Ereignis oder welcher Jahrestag den Anlass gibt, kann man – nach vorheriger Anmeldung – sein persönliches Glückssymbol schmieden und per Urkunde bestätigen lassen. Steht kein Anlass bevor, kann man das Glückssymbol auch als Geschenk für einen lieben Menschen schmieden lassen und ihn damit gewiss ein wenig glücklich machen.

- Museum Saigerhütte mit Kupferhammer, In der Hütte 2, 09526 Olbernhau www.olbernhau.de/de/denkmalkomplex-saigerhütte-olbernhau-grünthal
- ÖPNV: RB 81, Bus 452, 453, 471, Haltestelle Olbernau-Grünthal Bahnhof

SAIGERHÜTTE

Märchenhafte Miniaturen

74

Die Schnitzerei Emil Helbig in Pockau-Lengefeld

Schnitzen, Drechseln, Reifendrehen. Wer davon hört, denkt oft unwillkürlich ans Erzgebirge, denn holzgestalterische Arbeiten haben hier eine lange Tradition. Viele Erzeugnisse ähneln sich, manche jedoch sind in ihrer Gestaltungsweise einzigartig. So auch die kunstgewerblichen Schnitzereien der Firma Emil Helbig. In dritter Generation führt Bettina Bergmann, die Enkelin des Firmengründers, das Familienunternehmen heute weiter. Es ist die älteste als Werkstatt existierende Schnitzerei im Erzgebirge. Über alle Höhen und Tiefen der zurückliegenden 90 Jahre hinweg hat die Familie Helbig es verstanden, ihren Figuren jene Unverwechselbarkeit zu erhalten, die sie besonders macht. Alle Figuren werden in Flachschnitzerei hergestellt, einer Art des Schnitzens, für die sich der Großvater im Jahr 1933 entschieden hatte.

Sohn und Enkelin waren gut beraten, dabei zu bleiben. Mittlerweile reihen sich unzählige farbig bemalte Miniaturen in den Vitrinen der neuen Werkstatt am Markt. Neben Tieren, Kindern, Oster- und Weihnachtsfiguren stehen Pyramiden, Schwibbögen, Wandbilder und Kistchen mit den typischen Helbig-Figuren. Beliebte Sammelobjekte sind die gestalteten Szenen aus den Märchen der Gebrüder Grimm.

TIPP

Für Urlaub mitten im Erzgebirge ist das Hotel Waldesruh eine gute Adresse.

Alle Helbig-Figuren werden aus weichem Lindenholz geschnitzt. Jede Figur entsteht zu 98 Prozent in Handarbeit. Bereits nach dem Aussägen mit der Dekupiersäge ist der Rohling ein Unikat. Beim Lasern würden die Seitenflächen verbrennen und die anschließende farbige Bemalung verhindern. Auch die Wasserstrahltechnik kann nicht angewendet werden, da Lindenholz leicht quillt. Wer die Schnitzerei in Pockau-Lengefeld besucht, kann Bettina Bergmann und ihrer Mitarbeiterin bei der Arbeit zusehen und sich im Verkaufsbereich an der Vielfalt der ausgestellten Figuren erfreuen. Um ihren Fundus zu erweitern, ist die Unternehmerin auf der Suche nach älteren Helbig-Figuren, die sie dann für neu geschaffene verwendet.

- Kunstgewerbliche Schnitzereien Emil Helbig, Markt 8, 09514 Pockau-Lengefeld
www.schnitzerei-helbig.de
- ÖPNV: Bus 231, 400, 492, 493, Haltestelle Markt

HELBIG
Kunstgewerbliche Schnitzereien
Emil Helbig
www.schnitzerei-helbig.de

Schwimmende Stämme

75

Mit Floßknecht Ole bei Werdau unterwegs

Holzstämme aus tiefen, mitunter schwer zugänglichen Wäldern zu transportieren, war in früheren Zeiten ein schwieriges Unterfangen. Da lag es nahe, natürliche Wasserläufe zu nutzen. Die Flößer beförderten ihre Fracht mit dem Wasserlauf ins Tal oder weiter bis zum Zielort. Flößen war in einigen Regionen Deutschlands noch bis in die 1950er-Jahre üblich. Danach geriet diese intelligente Transportmethode immer mehr in Vergessenheit. Daher gibt es heute Lehrpfade, auf denen man der einstigen Flößerei nachspüren kann. So auch im Landeswald des Freistaates Sachsen bei Werdau. Hier verläuft der 5,5 Kilometer lange Naturlehrpfad Flößergraben.

Lehrreich und unterhaltsam zugleich sind die Wanderungen an der Seite von Floßknecht Ole alias Landschaftsführer Udo Pagel. Er führt Naturfreunde auf dem Natur- und Geschichtslehrpfad Flößergraben durch den Wald. Zunächst geht es entlang des alten Flößergrabens zum Leubnitzflügel. Am Punkt „Drei Lärchen" laden Bänke zum Verschnaufen ein. Man genießt die Ruhe, die würzige Waldluft, das Gezwitscher der Vögel in den Bäumen. Weiter geht es zum Stauweiher. Tiefe Flößgräben zeugen noch heute von der schweren Arbeit der Flößer. Das geschlagene Holz lagerten sie den Sommer über am Ufer des Weihers. Im Frühjahr, wenn der Teich sich allmählich mit Schmelzwasser füllte, wurde das Wasser in den Floßgraben abgeleitet. Auf dem so entstandenen Wasserlauf schwammen die Stämme bis in die Pleiße, dem 90 Kilometer langen Nebenfluss der Weißen Elster in Sachsen und Thüringen. So konnten Städte und Regionen, die selbst kaum über Holz verfügten – wie Werdau, Crimmitschau und Leipzig –, von Ende des 16. Jahrhunderts bis Mitte des 18. Jahrhunderts mit Holz beliefert werden. Die Flößerwanderung mit Ole führt weiter über den Fürstenstuhl bis zum Elferteich, einem jener für die Flößerei künstlich angelegten Stauteiche. Am Punkt Weidmannsruhe können sich die Wandersleute ein wenig stärken, bevor es auf dem gleichen Weg zurück zum Ausgangspunkt geht.

TIPP

An der Trünziger Straße lädt die Erdbeerschänke zur Einkehr ein.

- Floßknecht Ole, Stadt- und Dampfmaschinenmuseum Werdau, Holzstraße 2, 08412 Werdau, Tel. (0 37 61) 7 50 31, www.museum-werdau.de
- ÖPNV: Bus 129, 160, 161, 165, Haltestelle Uferstraße

Naturschauspiel im Wald

76 Der Blauenthaler Wasserfall

Das Erzgebirge hält zu jeder Jahreszeit eindrucksvolle Naturerlebnisse bereit. Hin und wieder treffen Wanderer auf etwas, das sie hier nicht vermuten. Auf einen Wasserfall zum Beispiel. In der Großen Bockau im Westerzgebirge, unweit der Stadt Blauenthal, befindet sich mit einer Fallhöhe von 30 Metern der größte Wasserfall Sachsens. Wer hätte gedacht, dass er zugleich zu den höchsten Wasserfällen in Deutschland außerhalb der Alpen zählt – sofern genügend Wasser vorhanden ist! Die Entstehung des Wasserfalls ist kurios. Im 16. Jahrhundert kaufte der Blechhändler Andreas Blau das Areal oberhalb des Felsens und errichtete darauf ein Hammerwerk. Nach dem Jahr 1918 ließ der Besitzer einer Holzschleiferei einen 3 Kilometer langen künstlichen Wassergraben anlegen. Das Wasser trieb die Turbinen seiner Fabrik an. Und weil er gleichzeitig Besitzer des Parkhotels Forelle in Blauenthal war, hatte er eine geniale Idee: Er baute eine Anlage zur Regulierung des Wasserdurchflusses. Standen seine Maschinen an den Wochenenden still, wurde das Wasser umgeleitet und fiel über die zerklüftete Granitfelswand. Was für eine Attraktion für die Hotelgäste! Nach der Schließung der Fabrik blieb der Wasserfall bestehen.

Doch leider ist der Klimawandel auch hier zu spüren. Immer häufiger trocknet der Wasserfall nach längeren Trockenperioden aus. Das im Winter beliebte Eisklettern ist schon seit Jahren kaum noch möglich. Aber auch ohne den plätschernden oder vereisten Blauenthaler Wasserfall ist das Tal der Großen Bockau, das sich über 410 Hektar erstreckt, ein beliebtes Wanderziel. Vor allem wegen des herrlichen Mischwaldes wandern Naturfreunde gern durch das Kerbtal. Auf seinen bewaldeten Steilhängen, den Auenwaldresten und den artenreichen Bergmähwiesen lassen sich auch etliche gefährdete Pflanzenarten finden wie Arnika oder das breitblättrige Knabenkraut. Damit dieser natürliche Reichtum erhalten bleibt, gehört das Tal der Großen Bockau zum länderübergreifenden Europaschutzgebiet Natura 2000.

- Blauenthaler Wasserfall, Zimmersacherstraße, 08309 Eibenstock (OT Blauenthal), www.dein-erzgebirge.de/natur-landschaft
- ÖPNV: Bus 351, 355, 366, Haltestelle Blauenthal Hauptstraße

Wie zum Leben erweckt

77

Bei Holzbildhauer Lars Neubert in Schneeberg

Seine Figuren sind unverwechselbar. Sie gefallen, weil sie authentisch sind. Etliche, wie der Postbote, der Nachtwächter oder der Winzer, sind künstlerisch überhöht, um das Typische der jeweiligen Figur zu betonen. Lars Neubert ist Holzbildhauer aus Leidenschaft. Er sagt, in jedem Stück Holz stecke ein Kunstwerk. Seine Aufgabe als Bildhauer sei es, dieses Kunstwerk mit der eigenen Vorstellungskraft aus dem Holz hervorzulocken. Der Prozess sei faszinierend und beflügle ihn jeden Tag aufs Neue.

Doch Lars Neubert ist nicht nur Künstler, sondern auch Lehrer. Unter dem Motto „Holz und Kunst erleben" unterhält er eine Schauwerkstatt, die zugleich Kreativwerkstatt ist. Hier vermittelt er großen und kleinen Besuchern das Glück, selbst etwas aus einem Stück Holz entstehen zu lassen, mit den Händen etwas Eigenes zu schaffen. So manch einer entdeckt dabei bislang verborgene Talente. In beiden Werkstätten kann man Lars Neubert bei der Arbeit über die Schulter schauen. Und wer dabei Lust am Selbermachen bekommt, kann zwischen Schnitzkurs und Drechselkurs wählen. Allein schon die Aussicht, sich an verschiedenen Werkzeugen und an der Drechselmaschine auszuprobieren, ist verlockend. Die Kurse können stunden- und tageweise gebucht werden. Die Teilnehmer werden dabei stets individuell betreut. Sie arbeiten mit Lars Neubert, der wichtige Grundlagen im Umgang mit dem Werkstoff Holz vermittelt, im Einzelunterricht oder in Kleingruppen von bis zu vier Personen. Alle können dabei ihre eigenen Ideen verwirklichen.

Für Kursteilnehmer, die von außerhalb kommen und in Schneeberg ihren Urlaub verbringen möchten, stehen im Haus zwei modern eingerichtete Ferienwohnungen zur Verfügung. Außerhalb der Kurszeiten kann hier das voll ausgestattete Atelier im Dachgeschoss kostenlos für selbstständige Schnitzarbeiten genutzt werden. Frei nach Lars Neuberts Leitspruch: „Neues lernen, sich gegenseitig inspirieren, Geselligkeit genießen."

● Lars Neubert, Markt 16, 08289 Schneeberg
www.holzkunst-erleben.de
● ÖPNV: Bus 359, 362, 364, 383, Haltestelle Warte

Trara, die Post ist da!

78

Postmeilensäulen im Schloss Lauenstein

Auf einer Wanderung durch sächsische Gefilde steht man gelegentlich vor einer kurfürstlichen Postmeilensäule. Im Tharandter Wald, der Dippoldiswalder Heide und an zahlreichen Orten im gesamten Erzgebirge kann man ihnen begegnen. Und das schon seit über 300 Jahren! August der Starke hatte die sächsischen Lande seinerzeit vermessen lassen und veranlasst, dass an den wichtigen Poststraßen Distanzsäulen aufgestellt wurden. Auf ihnen war die Entfernung vom Standort zu den jeweiligen Postzielen angezeigt, gemessen an der Zeit, die eine gewöhnliche, gut beladene Pferdekutsche in 1 Stunde zurücklegte. Mit dieser sinnreichen Maßnahme war die Post berechenbarer geworden und da sich auch die Reisekutschen an die Zeitvorgaben zu halten hatten, könnte man sagen, damit war der erste „Fahrplan" Sachsens entstanden. Wäre es nicht interessant, mehr darüber zu erfahren? Dann auf zum Schloss Lauenstein! Geradezu malerisch thront es auf einem Felssporn inmitten des romantischen Müglitztals. Das Museum der über 800 Jahre alten Burg- und Schlossanlage zeigt in seinen historischen Räumen neben mehreren Ausstellungen auch die in Sachsen einmalige Dauerausstellung „Von den kursächsischen Postmeilensäulen und der Vermessung der kursächsischen Postwege". Hier geht im wahrsten Sinne des Wortes die Post ab. Die historische Vielfalt reicht vom original nachgebauten Korbpostwagen über Modelle verschiedener Postmeilensäulen und Postkutschen bis hin zur Postuniform.

Das Ende des Ausstellungsbesuchs sollte keinesfalls auch das Ende des Besuchs von Burg und Schloss sein. Es gibt sowohl drinnen als auch draußen noch einiges zu entdecken und zu bestaunen. Darunter die Schlosskapelle, den Wappensaal mit seiner prächtigen Stuckdecke, den beeindruckenden Schlosskerker, den Kräutergarten und das Damwildgehege.

TIPP

Eine vorzügliche Eierschecke zum Kaffee hält das Schlosscafé Falknerstüb'l bereit.

● Osterzgebirgsmuseum Schloss Lauenstein, 01778 Altenberg (OT Lauenstein)
www.schloss-lauenstein.de

● ÖPNV: RB 71, Haltestelle Lauenstein Bahnhof (ca. 1 Kilometer Fußweg)

Schwarze Diamanten

79

Im Bergbaumuseum Oelsnitz

Ist vom Bergbau im Erzgebirge die Rede, denkt man zwangsläufig an Silbervorkommen, an Zinn, Zink, Eisen, Uran und Blei. Steinkohle vermutet man in dieser Region eher nicht. Umso erstaunlicher ist die Tatsache, dass im hiesigen Lugau-Oelsnitzer Revier in den Jahren 1844 bis 1971 insgesamt 142 Millionen Tonnen Steinkohle in zahlreichen kleineren und größeren Schächten gefördert wurden. Im Jahr 1869 kam der Kaiserin-Augusta-Schacht hinzu, das heutige Bergbaumuseum. Durch mehrere Erweiterungsbauten entwickelte sich dieser bis zum Jahr 1940 zur modernsten Steinkohlenförderanlage Deutschlands. Dank der heimischen Steinkohle wurde Sachsen zum Vorreiter der Industrialisierung in Deutschland.

Doch wie entstand die Steinkohle im Erzgebirge? Wie wurden die „schwarzen Diamanten" – wie die Kohle genannt wurde – geborgen und wofür verwendet? Diese und viele weitere Fragen beantwortet die neue Dauerausstellung des Bergbaumuseums Oelsnitz. Auf einer Ausstellungsfläche von 3000 Quadratmetern werden die Besucher in faszinierender Weise auf eine Reise durch die 800-jährige Geschichte des sächsischen Steinkohlenbergbaus mitgenommen. Sie erfahren, wie hart die Menschen um die Gewinnung der Steinkohle gerungen haben und wie der Bergbau ihr Leben, ihre Kultur und ihre Region beeinflusst hat. Auch das Ende des Steinkohlenbergbaus und seine Auswirkungen werden thematisiert. Mehr als 450 ausgewählte Objekte, eine Vielzahl von Abbildungen und Medienstationen machen den Steinkohlenbergbau an diesem authentischen Ort erlebbar.

Führungen durch das Anschauungsbergwerk vermitteln einen lebendigen Einblick in die Arbeit unter Tage. So werden zum Beispiel die historische Dampffördermaschine und die Turmfördermaschine in Aktion gezeigt. Der Erlebnisspielplatz Zwergenschacht am Fuß des Förderturms lädt kleine „Bergleute" zum Spielen und Entdecken ein.

TIPP

Für gute Luft in der Lunge sorgt das Gradierwerk Oelsnitz.

- Bergbaumuseum Oelsnitz/Erzgebirge, Pflockenstraße 28, 09376 Oelsnitz, Tel. (03 72 98) 9 39 40, www.bergbaumuseum-oelsnitz.de
- ÖPNV: Bus 260, 261, 262, Haltestelle Bergbaumuseum

Wanderung mit Weitblick

80

Vom Schwartenberg zur Spielzeugschachtel

Der Schwartenberg ist eine imposante Erhebung inmitten des Naturparks Erzgebirge/Vogtland. Er liegt 787,4 Meter über dem Meeresspiegel und zählt zu den höchsten Bergen im Osterzgebirge. Der Weg zum Gipfel wird mit einem Rundumblick belohnt, der das Herz höherschlagen lässt. Eine Orientierungstafel hilft, die prägnanten Punkte in der Ferne zu entdecken. Im Norden reicht der Blick über das Schloss Purschenstein hinweg bis zur Augustusburg und der Burg Frauenstein. Etwas östlicher zeigt sich die Rauschenbachtalsperre. Im Südwesten sind der Fichtelberg, der Keilberg und der Auersberg zu sehen. Wer hier oben steht und den Blick über das weite Land schweifen lässt, möchte am liebsten die Arme ausbreiten und fliegen. Das wollten auch die Segelflieger, die vor 100 Jahren die gute Thermik unterhalb des Schwartenbergs schätzten. Heute sind es die Drachen- und Gleitschirmflieger, die das luftige Paradies gern für ihren Sport nutzen.

Für den seltsamen Namen des Berges gibt es mehrere Erklärungen. Eine bezieht sich auf den Bergbau. Um das Jahr 1737 fand man hier Erz. Solche Fundgruben nannte man „Schwardte“. Wie dem auch sei, der Schwartenberg und seine nähere Umgebung sind ein guter Grund, beides in einer Tageswanderung zum Beispiel von Seiffen aus zu erkunden. Ein beliebter Wanderweg ist knapp 13 Kilometer lang.

Zurück in Seiffen finden Wanderer, die nach einer Rast verlangen, eine große Auswahl an Lokalitäten, zum Beispiel das Café & Restaurant Spielzeugschachtel. Es überrascht seine Gäste in der gemütlichen Erzgebirgsstube nicht nur mit typisch sächsischer Landkost wie hausgemachte Sülze mit Bratkartoffeln, Salzkartoffeln mit Kräuterquark und Leinöl oder erzgebirgischem Kleckselkuchen, es verfügt auch über einen Aufzug, eine behindertengerechte Toilette und einen eigenen Parkplatz. Im Sommer sitzt man entspannt auf der Sonnenterrasse und genießt den Blick zur berühmten Seiffener Bergkirche.

- Café & Restaurant Spielzeugschachtel, Hauptstraße 72, 09548 Seiffen, Tel. (03 73 62) 77 76
  www.seiffen.de/gaststaette/cafe-restaurant-spielzeugschachtel
- ÖPNV: Bus 453, Haltestelle Spielzeugmuseum; Bus 455, 737, Haltestelle Seiffen Mitte

Erlebniseinkauf
Café

Bibliografische Informationen der Deutschen Nationalbibliothek
Die Deutsche Nationalbibliothek verzeichnet diese Publikation in der Deutschen Nationalbibliografie; detaillierte bibliografische Daten sind im Internet über http://dnb.d-nb.de abrufbar.

Konzeption/Satz: Droste Verlag, Düsseldorf
Einbandgestaltung und Illustrationen: Britta Rungwerth, Düsseldorf, unter Verwendung von Bildern von © Fotolia.com: jd – photodesign.de; © iStock: Plociennik Robert
Fotos: 360 Grad Team: S. 37; Adam-Ries-Bund e. V.: S. 25; AppelGrips Glauchau: S. 35, S. 107; Anna-D. Arnold: S. 53; Bettina Bergmann: S. 155; Blunert Grafik Layout: S. 59; H. Böhme: S. 85; BUR Werbeagentur GmbH: S. 23, S. 47; Teresa Buschbeck: S. 131; Crottendorfer Räucherkerzen GmbH: S. 117; Deutsches Landwirtschaftsmuseum: S. 11; Dorfmuseum Gahlenz: S. 51; Patrick Eichler/Greifensteinregion: S. 13, S. 15; Luise Egermann: S. 63; Christine Fischer: S. 21, S. 95, S. 143, S. 149; Manuela Fischer: S. 33; Freizeitbad AQUA MARIEN GmbH: S. 27; Mike Fritzsche: S. 93; Nicole Fugmann-Müller: S. 43; Gauggel: S. 49; Helge Gerischer: S. 97; Nicole Gräbner: S. 17, S. 111; Susann Gramm: S. 105; Kristian Hahn/Fotoatelier Schmidt Olbernhau: S. 9, S. 153; Heimatverein Am Fichtelberg e. V.: S. 41; Holm Helis/ Deutsches Uhrenmuseum Glashütte: S. 65; René Jungnickel: S. 57; Johanna Kaden/DREGENO: S. 167; André Kaiser: S. 45, S. 115; Karl-May-Haus: S. 55; Jan Kempe: S. 73; Bernd König: S. 19; Jens Kugler: S. 69, S. 129, S. 163; Ralph Kunz/LOHGERBER: S. 147; Sandro Lindner: S. 81; André Marks: S. 29; Jeannette Mauermann: S. 165; Franziska Meier/Gemeindeamt Bockau: S. 141; Miniwelt: S. 109; Romy Mothes: S. 151; Detlev Müller: S. 137; Lars Neubert: S. 161; Andrea Peschel: S. 67; Sven Priebe: S. 101; Dirk Rückschloss: S. 89; Tobias Rudelt: S. 145; SachsenEnergie AG: S. 31; Eva Schalling: S. 79, S. 87, S. 139; Schlenkrich: S. 135; Rainer Schmalenberg: S. 113; Matthias Singer: S. 133; Steffen Schreiter: S. 91; Stadt Grünhain-Beierfeld: S. 77, S. 121; Stadt- und Dampfmaschinenmuseum Werdau: S. 157; Stadtverwaltung Dippoldiswalde: S. 119; Stadtverwaltung Schneeberg: S. 123; stock.adobe.com: S. 61 (LianeM), S. 71 (Animaflora PicsStock), S. 159 (A.N.Foto); Studio2Media/Ferienhaus Freitag: S. 99; Katrin Thiele: S. 127; Andreas Werner: S. 75; Werbung & Design Ina Gläser, Eibenstock: S. 125; Wiegand Erlebnisberge GmbH: S. 83; Annette Zimmermann: S. 39; Zoo der Minis e.V.: S. 103
Textlektorat: Karola Neutze, Brühl

MIX
Papier aus verantwortungsvollen Quellen
FSC® C011279
FSC www.fsc.org

Druck und Bindung: LUC GmbH, Greven
ISBN 978-3-7700-2426-1

www.droste-verlag.de